KB242345

임영웅 덕질 보고서

젊은할배 59TV

류호진 지음

이 책의 판매 수익 일부는 따뜻한 나눔을 위해 기부됩니다.
임영웅과 영웅시대의 선한 영향력에 함께하겠습니다.

세상에 없던 팬덤
영웅시대를 조명하다

"임영웅 뉴스만 골라서 전해 드리는 임영웅의 9시 뉴스, ○월 ○일 방송을 시작합니다."

"59TV의 9시 뉴스는 하루도 쉬지 않습니다."

"어제부터 오늘 아침까지의 임영웅의 뉴스와 이야기들, 구독자분들이 보내 주신 깨알 같은 소식들, 다 모아서 전달해 드리는 시간입니다."

"자, 오늘도 뉴스가 풍성합니다!"

젊은할배 59TV의 아침은 이렇게 시작합니다. 아마 59TV 구독자분들이라면 알고 계시겠지요. 그렇게 매일 하다 보니 어느새 1년이 되고, 2년이 되고 이제 3년쯤 됐네요. 하루도 빠짐없이 매일 아침 9시, '임영웅의 9시 뉴스'를 진행했습니다. 임영웅의 LA 공연을 위해 미국에 갔을 때도, 가족 여행을 갔을 때도 빼놓지 않았습니다. 일정상 그 시간에 비행기 안에 있을 때도 있었지요. 그럴 때는 어떻게 했냐고요? 영상을 미리 제작해 놓고 아침 9시에 맞춰 업로드가 되도록 설정을 해 놓았습니다.

'임영웅의 9시 뉴스' 제목이 그럴듯하지요? 공중파에서 하는 그 9시 뉴스 느낌을 내려고 그대로 사용해 봤습니다. 임영웅에 관해서는 정말 종합뉴스이니까요.

뉴스의 소재를 보자면, 어젯밤 방송에서 어떤 연예인이 임영웅에 대한 이야기를 언급했고, 또 어떤 연예인이 임영웅 노래를 불렀는지까지 꼭 임영웅의 행보가 아니더라도 그와 관련된 모든 것을 녹여냈습니다. 그리고 구독자분들의 사연 또한 빼놓을 수 없었죠. 임영웅 콘서트 티켓을 끊어준 며느리 이야기, 영웅시대 친구와 임영웅의 고향인 포천에 다녀온 이야기, 구독자분이 다니시는 사찰의 주지 스님 이야기 등 이런 소소한 이야기도 중간 중간 참 재미있는 요소가 되었습니다.

그런데 이쯤 되니 도대체 젊은할배가 이런 내용까지 다 어떻게 알게 되는지 궁금증이 생기시지요? 제 유튜브를 보시면 저는 제 핸드폰 번호를 공개해 놓았습니다. 아마 유튜버 가운데 핸드폰 번호를 공개해 놓은 사람은 저 하나이지 않을까 싶은데요. 저에게는 이게 아주 유용한 소통의 창구가 됐습니다. 구독자분들이 임영웅과 관련된 아주 시시콜콜한 이야기까지 다 보내주시니 9시 뉴스 소재거리도 늘 풍부했고요. 해외에서도 연락이 많이 왔습니다. 한국의 임영웅 소식도 궁금하고 본인이 살고 있는 지역에 또 다른 임영웅 팬이 있는지도 궁금하다고요.

주변에서 귀찮지 않냐고 많이 물어보시는데요. 저는 전혀 그렇지 않습니다. 구독자분들의 궁금증을 풀어주고 소식을 전하며 소통하는 데서 보람을 느끼고 묘한 뿌듯함까지 느껴지니 이 일이 저와 참 잘 맞나 봅니다.

"지금 합정동에 왔는데, 임영웅이 무명 때 갔던 그 식당은 어디로 가면 되나요?", "포천에 놀러 가려고 하는데 버스를 어디서 타야 하죠?", "임영웅이 아르바이트했다는 그 집 전

임영웅 덕질 보고서

화번호 좀 알려줘요.”, “울산에 사는데 여기 영웅시대 지역방 좀 연결해줘요.”, “충주에서 혼자 임영웅 응원을 하고 있는데 상암 콘서트 표를 구했어요. 여기서 상암은 어떻게 가지요?”, “저는 은평구에 살아요. 스밍 배우려고 하는데 어디로 가면 되나요.”, “상암 콘서트 가려고 하는데 부산에서 출발하는 버 스 자리가 있을까요?”, “공연장 주차는 어떻게 하나요?”

이런 내용의 문자가 하루에도 수십 통씩 옵니다. 제 답변은 즉각적이지요. 시간이 날 때마다 모든 질문에 답변을 해줬습 니다. 이걸 다 어떻게 하냐고요? 저만의 노하우가 있습니다. 예상 질문 리스트와 답변을 만들어 놓은 것도 있고요, 영웅시 대 방장님들 전화번호도 방장님들께서 직접 알려주셔서 알고 있습니다. 또 전국 임영웅 카페 번호, 심지어 임영웅 찐 팬들 이 운영하는 식당 번호까지 정리해서 갖고 있으니 문의가 오 면 내용만 그대로 복사해서 보내줄 수가 있습니다. 미처 답변 준비가 안 된 질문이 올 땐 검색해서 알려 드립니다

저는 이것들이 제가 할 일이라고 생각합니다. 소소한 질문 으로 보이지만 누군가에게는 아주 중요한 일일 거니까요. 빠

른 답변에 가끔 깜짝 놀라는 분들도 계십니다. 답답했던 것이 풀릴 때 좋아하시고 저에게 고마움을 표해주시기에 제가 더 열심히 이 역할을 해야겠다는 생각이 듭니다.

궁금증에 답변만 해주는 게 아닙니다. 어떤 구독자분은 저에게 중매쟁이라고도 하는데요. 팬과 팬을 연결해 주기도 하고 혼자 응원하던 팬의 요청으로 지역방을 연결해주기도 하니 중매쟁이가 맞지요. 이렇게 알게 된 분들도 어마어마해서 제 핸드폰 주소록에 저장되어 있는 분들만 그 수가 5천 명, 아니 1만 명은 족히 넘을 겁니다.

이렇게 주시는 질문들은 저에게 하나하나 귀중한 소재가 되고 그 소재는 유튜브 영상을 만들 때 중요하게 활용됩니다. 유튜버로 활동하는 저로서는 고마운 일이 아닐 수 없지요. 그러니 주변에서 힘들지 않냐는 물음에 항상 "제가 더 고맙지요."라고 답하고 있습니다.

젊은할배의 임영웅 덕질, 언제부터 시작이 됐을까요.
2020년 1월 임영웅이 TV조선 미스터트롯에 나온 이후부터 꾸준히 임영웅 관련 콘텐츠를 만들어왔습니다. 벌써 그렇게 시작한 지가 5년째가 되니 어느 순간 젊은할배 59TV는 임영웅 팬튜버가 되어 있었습니다. 지금부터 제가 쓰는 덕질 보고서는 아침마다 뉴스에서 전하던 이야기입니다. 임영웅 관련된 이야기 그리고 영웅시대와 관련된 이야기입니다.

모두 일곱 개의 장으로 나눠봤고요. 나눈 기준은 그야말로 제 주관적인 생각이니 그 점은 꼭 이해해 주시고 읽어주시길 바라겠습니다.

1장은 기부와 봉사 이야기입니다.
임영웅 팬을 특징짓는 것 중 하나가 기부와 봉사이지요. 가장 먼저 나와야 할 이야기라고 생각해서 1장에 넣었습니다.

2장은 임영웅 콘서트에 관한 이야기입니다.
치열한 티켓팅과 뜨거웠던 현장 이야기들, 안 할 수가 없겠지요?

3장은 임영웅의 미담 이야기입니다.

끝없이 나오는 임영웅의 미담, 감동의 이야기들을 하나하나 정리해 봤습니다.

4장은 웅지순례에 관한 이야기입니다.
임영웅의 소년기와 청년기의 흔적을 곳곳에서 찾아볼 수 있는 곳이니 팬들이라면 꼭 가보고 싶은 곳들입니다.

5장은 '스타' 영시님들에 관한 이야기입니다.
영웅시대를 감동하게 한 팬부터 임영웅을 사랑하는 배우까지 다양한 영웅시대 분들의 이야기를 담아보았습니다.

6장은 스터디 교실 이야기입니다.
모르면 가르쳐주고, 궁금하면 대답해주는 그곳. 애정과 열정으로 운영되는 스터디 교실에 대해 정리해 봤습니다.

7장은 제 채널 구독자님들, 영웅시대 분들을 보며 느낀 점을 다섯 가지의 키워드로 정리했습니다.

제가 미처 다 담지 못한 이야기도 있을 거예요. 그래서 제

임영웅 덕질 보고서

글이 부족하다고 생각하실 수도 있을 겁니다. 이 책을 임영웅 '팬튜버'로 활동하며 저의 행복했던 순간들을 담은 기록이자 구독자분들의 추억을 담아놓은 작은 그릇이라고 생각해 주세요. 그리고 아직 임영웅의 팬이 아닌 분들에게는 우리가 그를 이토록 사랑하는 마음을 이해할 수 있는 창구가 되지 않을까 감히 생각해 봅니다. 부디 애정 어린 시선으로 한 문장, 한 문장 읽어주시길 바라겠습니다.

고맙습니다.

젊은할배 59TV

류호진 드림

목차

목차

기부와 봉사

임영웅과 영웅시대의 '기부와 봉사'에 대해 보고합니다.

보기만 해도
행복한 추천 영상!

모래알갱이
뮤직비디오

임영웅 팬들의 여러 가지 특징 중 가장 눈에 띄는 것은 기부와 봉사라고 할 수 있습니다. 이것은 단순히 자신이 좋아하는 아티스트에 집중하는 아이돌 팬과는 다른 모습이죠. 임영웅 팬들은 '내가 좋아하는 아티스트의 선한 뜻을 이어받아'라는 표현을 사용하며 기부와 봉사활동을 하고 있습니다. 그것도 '꾸준히'라는 게 더욱 돋보입니다.

매일 아침 9시에 올리는 <임영웅의 9시 뉴스>에는 기부와 봉사 이야기가 가장 먼저 등장합니다. 거의 매일같이 소식이 들려오기 때문입니다. 그리고 구독자분들이 가장 자랑스러워하는 소식이기도 하고요. 지역별로, 전국적으로, 또 해외에서까지 기부가 진행되고 있습니다. 큰 것일 수도 있고 작은 것일 수도 있지만, 서로 돕고자 하는 하나 된 마음으로 각자 처한 상황에 맞춰 해주고 계십니다. '임영웅'이라는 아티스트의 선한 영향력이 국내외로 자연스럽게 스며드는 양상을 보여주고 있는 것이지요. 임영웅의 '통 큰 기부'로 시작되어, 그의 팬들로 퍼져나가는 기부 물결은 그야말로 흘러넘치고 있습니다.

선한 영향력이 바로 '나'로 인해서 퍼져 나간다고 생각하며 각각의 팬들은 늘 가슴에 따뜻한 마음을 품고 있는 것이지요.

임영웅 팬들의 봉사 활동은 아주 꾸준합니다. 한 번 시작하면 뿌리를 뽑을 때까지 해야 한다고 할까요? 매월 정기적으로 기부와 봉사를 실천하는 곳이 10여 군데가 넘습니다. 임영웅이 미스터트롯 진이 된 다음 달부터 봉사를 시작해서 60회가 넘은 곳도 있고요.(한 달에 한 번씩 1년을 하면 12회인데, 명절이나 기념일 같은 날엔 한 번씩 더 가다 보니 지금까지 60회가 넘었다고 합니다.) 이분들의 기부와 봉사 이야기는 언론에서도 끊이지 않고 뉴스로 다뤄지고 있습니다.

이번 책을 쓰기 위해 임영웅 팬들의 행보를 정리해 보니, 2020년부터 2024년 6월까지 기부 횟수가 598건이나 되고 이것들은 <스타뉴스>를 비롯해 여러 언론에 보도가 되면서 세상에 알려졌습니다. 이 모든 시작은 임영웅의 기부입니다. 임영웅의 선하고 아름다운 마음에서 출발한 것이지요. 그렇다면 그 선한 영향력의 시작이 되어준 임영웅의 기부 이야기를 안 할 수가 없겠네요. 지금부터 임영웅의 기부 이야기를 할 텐데, 언론에 보도된 것을 중심으로 정리를 하였으니 그 점을 감안하여 읽어주시면 고맙겠습니다

영웅의 기부 기록

TV조선 미스터트롯 경연이 끝난 다음 달인 4월 2일, TOP7이 참여한 온라인 기자 간담회가 열렸습니다. 이 자리에서 임영웅은 상금 1억 원을 어떻게 쓰겠냐는 질문에 "데뷔하면서부터 엄마 생일에 1억 드리기라는 터무니없는 꿈이 있었다. 막연히 꿈을 꾸고 다이어리에 적어났는데 미스터트롯 상금이 1억이다. 어머니 생신 때 선물로 드리겠다."고 말했습니다. 그리고 이어서 "처음 찍은 광고 수익을 모두 기부하겠다." 다짐을 공개하여 모두를 깜짝 놀라게 했습니다. 미스터트롯에서 진이 된 이후, 다음 해에 맞은 2021년 6월 생일에는 사랑의열매에 2억 원을 기부했습니다.

2022년 3월에는 당시 경북과 강원 지역의 대형 산불

로 힘든 시기를 겪는 이재민들을 돕기 위해 1억 원을 기부했습니다. 이때 임영웅은 사랑의열매 사회복지공동모금을 통해 "산불로 삶의 터전을 잃은 주민분들에게 조금이나마 힘이 되었으면 한다."는 메시지를 남기기도 했습니다. 같은 해 6월에는 전년도와 같이 사랑의열매에 2억 원을 기부했습니다. 이때에는 소속사인 물고기뮤직도 기부에 동참하여 더 많은 금액을 기부하였습니다.

2022년 말에는 '영웅시대' 이름으로 3억 원을 또 기부했습니다. 임영웅이 2억 원, 물고기뮤직에서 1억 원을 함께 모아 3억 원이 된 것입니다. 당시 사랑의열매 측은 언론을 통해 "임영웅이 코로나19와 한파로 예년보다 힘든 연말을 보내고 있는 소외된 이웃들과 경기불황 속에서 힘들어하는 취약 계층을 지원하기 위해 3억 원을 기부했다."라고 알렸습니다. 2022년은 임영웅의 첫 전국 투어 단독 콘서트가 마무리됐던 해로, 팬들의 사랑에 보답하는 마음이 담겨져 더 값진 의미가 있었습니다.

임영웅 덕질 보고서

2023년에도 기부는 이어졌습니다. 6월에도 자신의 생일을 기념해 '영웅시대' 이름으로 사랑의열매에 2억 원을 기부했고, 같은 해 7월에는 폭우로 인한 수해자들을 위해 또다시 2억 원을 기부해 화제를 모았습니다. 이때 임영웅은 사랑의열매를 통해 "이번 폭우로 피해를 입은 분들에게 위로를 드리고 싶다. 일상으로 빠르게 회복하는 데 도움이 되길 바란다."는 메시지를 함께 전했습니다. 또, 영화 <소풍>에 삽입된 자작곡 '모래 알갱이'의 음원 수익금 전액을 기부하겠다고 밝혀 제작사 측이 '부산 연탄 은행'으로 이 금액을 기부했다고 발표했지요.

2024년에는 임영웅이 자신의 생일인 6월 16일에 한 달 앞서, 어버이 날인 5월 8일 사랑의열매 사회복지공동모금회에 영웅시대 이름으로 2억 원을 기부했습니다. 임영웅은 전국 곳곳에서 '선한 영향력'을 전파하고 꾸준히 기부활동을 이어오며 자신에게 아낌없는 성원을 보내주는 팬들의 사랑에 보답하고자 어버이날을 기념하여 기부를 결심했다고 밝혔습니다.

1장 기부와 봉사

이렇듯, 임영웅은 2021년부터 생일마다 영웅시대 이름으로 사랑의열매에 기부를 해왔고, 나라의 크고 작은 재난 상황이 있을 때에도 빠지지 않고 마음을 전했습니다. 2023년 7월 <스타뉴스>는 2020년 임영웅이 미스터트롯 진이 된 이후로, 임영웅과 영웅시대는 32억 원에 이르는 기부를 이어왔는데, 그 금액이 임영웅이 12억 원, 영웅시대가 약 20억 원에 달한다고 보도했습니다. 2024년의 기부 금액을 합친다면 임영웅이 스스로 기부한 금액만 14억 원이 넘는 셈이죠. 정말 대단합니다.

영웅시대 기부 기록

임영웅이 선한 영향력을 펼치는 동안, 영웅시대의 행보 또한 어마어마합니다. 임영웅을 따라 기부 행렬이 이어지는 놀라운 일이 지역 곳곳에 발생했습니다. 임영웅과 영웅시대의 기부 뉴스를 가장 꼼꼼하게 다뤄온 언론인 <스타뉴스>를 활용해 살폈더니 '영웅시대+기부' 키워드만 985건이나 검색되었습니다. 이것은 영웅시대가 시작된 2020년부터 누적되어 온 기록이며, 기부 행렬이 끊이지 않고 계속되었다고 말할 수 있습니다.

임영웅 팬들의 첫 기부 기록은 '영웅시대' 이름으로 이뤄진 의미 있는 기부였습니다. 2020년 3월 18일자 언론 보도에 따르면 영웅시대 팬클럽은 코로나19 극복 성금으로 대한적십자사에 1억 4500만원을 기부하였습니다. 임영웅이 미스터트롯 진을 차지한 지 나흘 뒤였습니다. 당시 국내에는 코로나19 극복을 위한 기부 움직임이 나타날 때였고, 이에 동참하기 위해 임영웅 팬들은 긴급하게 모금에 들어갔습니다. 당시 자료를 보면 미스터트롯 진이 확정되기 하루 전인 3월 13일부터 17일까지 5일간 모금에 들어가 4,498명의 팬이 참여하였고, 총 1억 4,521만 7,940원이 모였습니다. 영웅시대 측은 "코로나19로 고통 받고 있는 환자, 자가 격리자, 감염에 취약한 재난 취약계층, 일선에서 사투를 벌이고 있는 모든 의료진분들께 힘이 됐으면 한다. 또한 하루빨리 우리나라가 코로나19를 극복해, 모든 국민이 안심하고 건강하게 생활할 수 있기를 모든 영웅시대 가족들이 기원한다."고 전했습니다.

1장 기부와 봉사

이로부터 4개월 후에는 8억 9천만 원의 거액을 기부했는데요. 이는 그 해 여름, 폭우로 인한 수해 피해가 전국적으로 발생했기 때문입니다. 열흘간 1만 5,922건의 후원, 총 9억 원에 가까운 성금이 모여 임영웅과 영웅시대의 영향력을 실감케 했습니다. 영웅시대 측은 모인 기부금을 NGO 단체인 '희망을 파는 사람들'에 전달했다고 밝혔습니다.

영웅시대의 기부는 계속됐습니다. 2021년 6월에는 사랑의열매 '나눔 리더스 클럽'에 가입하며 사랑의열매 서울지회에 3천 7백여 만 원을 기부했고요. 2022년 3월에는 임영웅의 산불 피해 지원 기부에 뜻을 함께하고자 2억 6천만 원을 기부해 성숙한 팬클럽 문화를 보여주었습니다.

전국에 퍼져 있는 영웅시대의 기부는 임영웅이 미스터트롯 진이 된 이듬해부터 본격화됐습니다. 미스터트롯 진이 된 지 1년이 되는 2021년 3월부터 기부 행렬이 이어졌는데요. 이후 6월 임영웅의 생일 기념, 8월 데뷔 기념 기부를 하였고, 연말에는 취약계층에게 더욱 집중해 기부를 이어왔습니다. 2021년만 해도 234건의 기부 뉴스가 언론을 통해 보도되었는데, 대부분 각 지역별 모임방을 통해 십시일반 모아진 성금이었습니다. 이때부터 각종 기사에서 영웅시대를 표현하는 수식어로 '기부'와 '봉사'라는 단어를 많이 볼 수 있습니다.

영웅시대 봉사 기록

영웅시대의 봉사는 전국 곳곳에서 이루어지고 있습니다. 알려지지 않은 곳도 워낙 많아 다 소개할 수는 없지만, 몇 가지 봉사 사례를 보면 이렇습니다.

2024년 6월 16일, <스타뉴스> 보도에 따르면 영웅시대 밴드 '나눔 모임'은 지난 13일 서울 용산구 동자동 가톨릭사랑평화의집에서 64번째 쪽방촌 도시락 봉사를 했다고 합니다. 이날 도시락 봉사에는 회원들뿐 아니라 특히 도미니카공화국, 탄자니아, 코트디부아르, 튀니지, 벨

1장 기부와 봉사

라루스 등의 국가의 주한 대사 부인들이 함께했다고 전했습니다. 영웅시대 밴드 나눔모임은 아침부터 가톨릭사랑평화의집에 모여 정성스럽게 밥과 반찬을 마련해 도시락 준비를 했으며, 쪽방촌 이웃들에게 직접 배달해 따뜻한 나눔을 전했습니다. 그리고 이날은 한 회원이 준비한 소보로빵과 양말도 도시락과 함께 전달됐다고 합니다. 매월 한 번씩 진행되는 이 봉사활동은 2020년 임영웅이 미스터트롯 진으로 확정된 다음 달부터 시작되어 4년 넘게 이어져 오고 있습니다. 봉사에 참여한 한 회원은 "4층 계단을 오르내리며 한 분, 한 분께 건행을 외치고 미소와 행복을 전해 드렸다. 사랑은 받는 것보다 주는 것이 더 뿌듯하고 행복하다."고 인터뷰를 통해 말했습니다.

영웅시대의 봉사 나눔방 '라온'도 팬들 사이에서 널리 알려진 봉사 모임입니다. 경기도 양평에 있는 '로뎀의집'에서 매달 봉사활동을 진행하고 있는데, 2024년 6월 15일 36번째 급식 봉사와 기부를 진행했다고 언론에 보도됐습니다. 로뎀의집은 중증 장애아동들이 거주하는 곳인

임영웅 덕질 보고서

데요. 라온은 이곳에 매달 150만 원의 급식비와 다양한 물품, 직접 만든 음식을 제공하는 급식 봉사도 함께 진행하고 있습니다. 지난 4월에는 장애인의 날을 맞아 특식으로 우족탕과 불고기, 맛살 계란말이, 참치 야채전, 잡채, 호박 볶음을 준비했고, 거기에 무지개떡, 과자, 캔디, 우유, 음료수를 비롯한 간식과 오렌지, 딸기, 참외, 바나나 등 다양한 과일까지 더해 푸짐한 한 끼를 제공했다고 전했습니다. '라온'은 남들이 꺼리는 어려운 곳이나 미처 손길이 닿지 않는 소외된 곳을 찾아 봉사 활동을 하는 것이 특징입니다. 2년 9개월 동안 '로뎀의집'을 비롯해 서울역 주변 쪽방촌, 용산 박스촌 등에 봉사를 다녔고 '서울시 아동 복지 협회'와 '희망을 파는 사람들'을 통해 급식 봉사를 비롯한 청소년 자립을 위한 후원금도 기부해 왔습니다. 최근에는 '서울대 어린이 병원'에 중증 어린이 환자를 위한 후원을 했다고 하고요. 총 기부 금액이 1억 671만원에 이른다는 내용이 <스타 뉴스>를 통해 보도되기도 했지요.

'스터디 하우스'는 부산에 거주하는 영웅시대의 모임입니다. 이곳은 '부산 연탄 은행'(밥상공동체)에서 독거노인들을 위한 봉사를 3년째 이어오고 있습니다. 매월 둘째 주 수요일마다 봉사를 진행해 온 '스터디 하우스'는 최근 6월 12일에 35차 정기 후원과 도시락 나눔 봉사 활동을 했습니다. 이 날에는 특별히 임영웅 생일을 기념해 1,000만 원을 기부하기도 했습니다. 매달 70만 원 정기 후원과 조리 및 배식, 청소 등을 주로 하고 있으며 특별한 날에는 연탄 기부나 김장 봉사까지 더해 선한 영향력을 실천하고 있습니다. 2024년 3월을 기준으로 스터디 하우스의 총 기부액은 5,310만원에 이르는 것으로 보도됐습니다. 스터디 하우스의 한 관계자는 언론과의 인터뷰에서 "'혼자'가 아닌 같이의 힘으로'라는 슬로건으로 앞으로도 독거노인들을 위해 지속해서 후원과 봉사를 하며 임영웅의 선한 영향력을 널리 퍼뜨리겠다."고 말했습니다.

영웅시대 '안동 스터디방'은 제빵 봉사로 널리 알려져 있는 안동 영웅시대입니다. 지난 2022년에 시작하여 매달 안동에 있는 경북적십자사 나눔터에서 안동 제빵 봉

임영웅 덕질 보고서

사 활동을 하고 있습니다. 이들은 빵을 만들어 안동에 있는 안동성좌원이나 청옥보호작업장에 전달하고 있는데요. 2024년 4월에도 빵 250개를 전달했다고 합니다. 영웅시대 안동 스터디방 한 관계자는 언론과의 인터뷰에서 "평소 나눔과 선행을 실천하는 임영웅의 선한 영향력에 동참하고자 했다. 부족한 나눔이지만 우리 이웃들이 외롭고 지칠 때 위로가 되길 바란다."고 말했습니다. 한결같이 임영웅의 선한 영향력을 강조하고 있는 것을 볼 때, 결국 임영웅의 따뜻한 선행이 영웅시대를 움직이고 있다고 볼 수 있습니다.

김포 영웅시대가 지난해부터 김포시노인종합복지관에서 매달 한두 번 급식 봉사활동을 하고 있고, 이 외에도 보이지 않는 곳에서 많은 영웅시대 분들이 꾸준히 봉사를 하고 계십니다. 하나하나 다 정리하지 못한 것은 저의 부족함입니다. 보이지 않는 곳에서 묵묵히 선한 영향력을 전하고 있는 영웅시대를 젊은할배가 응원합니다.

팬 중의 팬, 감동적인 기부자들

임영웅의 팬 가운데 미국 할머니 팬으로 알려진 '수 테일러'님이 있습니다. 20대에 미국으로 건너가 결혼을 하고 두 아들을 둔 수 테일러님은 고국인 한국에 임영웅의 이름으로 꾸준히 기부를 하고 있습니다. 주 기부처는 초록우산 세종지역본부입니다. 2024년 5월 한 언론에서는 어린이날을 앞두고 임영웅의 미국 할머니 팬인 수 테일러 님이 국내 저소득 가정 아동을 위한 후원금 1천 달러를 전달했다는 내용을 밝히며, "어린이날을 맞이해 고국의 저소득 가정 아이들을 돕기 위해 후원금을 전달했다."는 수 테일러 님의 메시지를 함께 전했습니다. 수 테일러 님은 올해 6월 초에도 가수 임영웅의 생일을 기념해 국내 저소득가정 아동을 위한 후원금 2천 달러를 초록우산 재단에 전달했습니다. 수 테일러 님의 기부는 임영웅의 생일이나 데뷔 기념일뿐 아니라 한국의 명절과 연말 등에 맞춰 1천 달러씩 기부를 계속해왔고, 현재까지 1만 7천 달러가 넘었다는 게 초록우산 측의 설명입니다. 현재 79세의 나이로 루게릭병과 투병 중이지만 늘 임영

임영웅 덕질 보고서

웅의 노래로 위로를 받고 있다고 합니다.

그레이(본명 이병남) 씨는 지난 2019년 8월 남편과 갑작스럽게 사별해 깊은 슬픔에 잠겨있던 중, 2020년 1월 2일 임영웅의 '바램'을 듣게 됐다고 합니다. 이후 몇 개월간 임영웅의 영상을 보며 슬픔을 치유했고, 영웅시대에도 가입하여 기부와 봉사 활동에 동참하고 있습니다. 그레이 씨는 지난 2023년 2월, 임영웅의 LA 콘서트를 2주 앞둔 시점에 암 진단을 받았으나, 콘서트를 놓치고 싶지 않은 마음에 미국으로 가 콘서트를 직접 보는 소망을 이뤘다고 하고요. 그 이후 한국으로 귀국하여 네 차례의 항 암과 23번의 방사선 치료를 받고 거의 회복하였다고 합니다. 그레이 씨는 언론과의 인터뷰에서 "남편의 죽음 앞에서 사람이 세상을 떠날 때는 그저 빈손뿐이라는 것을 새삼 느꼈다. 병마와 싸워 이기고 난 후 이 세상을 최고로 잘 사는 비결은 이웃과의 교감이라는 것을 알았다."고 전하기도 했습니다.

1장 기부와 봉사

경남 창원에 사는 김인선 씨는 지난 2021년부터 임영웅의 이름으로 주위 어려운 독거노인과 장애인을 위해 육개장과 밑반찬을 지원하는 등 따뜻한 나눔을 실천해 훈훈함을 주고 있습니다. 창원에서 식당(서울육개장)을 운영하는 김 씨는 코로나19로 사업이 힘들 때 임영웅의 노래를 듣고 희망을 가졌다고 말합니다. 김 씨는 영웅시대 회원으로서 이웃들에게 희망을 전하고자 나눔을 시작하게 됐다고 전하며 100만 원 상당의 비용이 들어가는 봉사 활동을 2021년 6월부터 매월 2회(둘째, 넷째 주 목요일)씩 하고 있습니다. 음식은 독거노인과 장애인 등 끼니를 해결하기 힘든 세대에 전달해 주고 있습니다.

미국 플로리다에 거주하는 오선종 씨(닉네임 써니)는 해마다 연말이 되면 고국의 어려운 곳을 택해 200만 원씩 기부해 오고 있으며, 2021년과 2022년에 천주교 서울대교구 가톨릭사랑 평화의 집에 200만 원을 전달했습니다. 오 씨는 언론과의 인터뷰에서 1983년 남편과 함께 미국으로 이주하여 38년째 이민 생활을 하던 중 임영웅

임영웅 덕질 보고서

의 '바램'을 듣고 팬이 됐다고 하며 "임영웅을 응원하며 그의 선한 영향력을 널리 알릴 수 있는 방법을 찾던 중 지난 11월 잠시 귀국했을 당시 영웅시대의 선행에 동참하고자 가톨릭사랑 평화의 집에 기부하게 됐다."고 밝혔습니다.

최근에는 영웅시대 개인 회원이 100만 원의 거액을 동티모르 학교 담장 복구비로 기부했다는 사실이 밝혀졌습니다. 서울 마포에 거주하는 김 씨는 서울 성북동에 위치한 한국순교복자수도회에 이 기부금을 전달했다고 하는데요. 이 기부자는 인터넷 언론 <더팩트>와의 인터뷰에서 "임영웅 가수와 뜻을 같이하는 영웅시대가 이런 곳에도 관심을 갖는다는 걸 말씀드리는 것뿐이다. 저를 누군가에게 알리는 것은 크게 의미가 없다. 수많은 영웅시대 팬들이 한마음으로 진행하고 있는 사랑의 나눔 실천에 동참하게 돼 기쁘다."라고 이야기 해 더욱 팬들에게 감동을 줬습니다. 동티모르는 최근 폭우로 인한 수해로 일부 지역에서 큰 어려움을 겪고 있고, 학교 담장이

1장 기부와 봉사

무너져 중고등학교 학생들이 임시 공간에서 수업을 받고 있는 것으로 알려져 있습니다. 현지에는 한국순교복자수도회 신부가 파견돼 현지 신자들과 이들을 돕고 있다고 합니다.

기적의 방석 스토리

기적의 방석 스토리는 참 많은 것을 생각하게 했습니다. '기적이란 이런 것이구나, 선한 일은 이렇게 커지는구나.'

시작은 아주 가벼웠지만, 나중에는 제가 감당하기 버거울 정도로 커졌습니다. 젊은할배가 TV조선 9시 뉴스에 등장할 정도로 유명한 일화가 됐지요.

임영웅 팬 사이에서는 다 아는 내용이지만, 혹시 이 책을 처음 접하는 분들을 위해 먼저 설명을 드리면 임영웅 방석은 참 특이합니다. 2022년 임영웅의 콘서트 당시, 좌석마다 방석 하나씩을 선물로 줬지요. 딱딱한 의자에 앉아 3시간 정도 되는 공연을 보다 보면 엉덩이가 아플까 봐 준 것으로 알고 있습니다. 이 방석이 팬들 사이에서 아주 귀하게 여겨지는 이유는 이 방석이 콘서트 방문의 증표가 되기 때문입니다. 방석이 있는 사람은 그 콘서트에 갔다 온 것으로 볼 수밖에 없거든요. 같은 방석을 파는 곳이 없는 것은 당연하고 공연장마다 색깔이 다르고 지역 명까지 각각 적혀 있다 보니 더욱 그랬습니다. 또 2022년 것은 네모 모양이었는데, 2023년에는 우주를 닮은 원형 방석이었지요.

이렇게 귀한 방석을 분실했다면? 생각만 해도 아찔하지요. 올해 1월 19일부터 21일까지 3일간 경기도 고양에서는 전국 투어의 마지막 콘서트가 열렸는데요, 미국 시애틀에서 오신 빛나백 님도 이 콘서트에 참석했습니다. 콘서트가 끝나고 붐비는 공연장을 빠져나오는데, "아뿔싸! 방석!" 정신없이 나오느라 방석을 깜빡한 것이었습니다. 그 사실을 알게 된 빛나백 님은 서둘러 자신의 좌석으로 돌아가 봤지만, 그곳에는 아무것도 남아 있지 않았습니다. 이 방석을 같은 시애틀에 살고 있는 또 다른 영웅시대 친구에게 가져다주기로 약속했기에 잃어버린

1장 기부와 봉사

방석이 더욱 눈에 밟혔겠지요.

　다음 날 저에게 연락이 왔습니다. "큰일 났다, 시애틀에 있는 친구에게 방석을 주기로 약속했는데 방석을 잃어버렸다. 빈손으로 돌아가기는 정말 미안한데 방법이 없겠냐."라고 말이죠. 59TV는 이것을 바탕으로 다음 날 방송을 만들었습니다. 앞서 설명한 빛나백 님의 사연을 소개하면서 혹시 임영웅 방석을 여분으로 가지고 계신 분 있으면 나눔을 했으면 좋겠다는 내용으로요. 다음 날부터 놀라운 일이 시작됐습니다. 방송이 나간 뒤 "그 마음 충분히 이해한다. 내 방석을 드릴 테니 미국 들어갈 때 가져가셔라."며 연락 하는 팬들이 늘어나기 시작했습니다. 방송 후 3일 정도 지났을까요? 젊은할배59TV 사무실 앞에는 방석이 담긴 택배 박스가 쌓이기 시작했습니다. 제가 서울 출장을 갔다 오느라 사무실을 하루 비운 사이 사무실 앞에 도착한 택배 박스는 거의 50개에 달했고, 일주일 후엔 100개 이상의 방석이 모였습니다.

필요한 방석은 1개였는데, 예상 밖의 일이 일어났습니다. 저는 이렇게 선뜻 나눔을 해준 분들의 고마운 마음에 보답할 수 있는 방법을 찾다가, '해외에 거주하시는 영웅시대 분들에게 이것을 나누어 주면 어떨까?'라는 생각을 하게 됐습니다. 그리고는 바로 그 분들을 대상으로 '방석을 갖고 싶은 분은 신청을 해 달라'는 방송을 했지요. 그 방송 후 어떻게 됐냐고요? 미국의 뉴욕, 실리콘밸리, 시애틀, 워싱턴, 보스턴, 뉴저지, 테네시, 필라델피아, 로마란다, 샌프란시스코, LA, 샌디에이고, 호주의 시드니, 이탈리아 제노바, 일본 오사카, 영국 맨체스터 등 세계 30여 곳의 팬들에게 요청이 왔습니다.

빛나백 님의 도움을 받아 나눔 받은 방석을 정리해 보니 나눔에 동참해 주신 분들이 모두 70명이었고, 방석은 모두 259개였습니다. 이것을 전 세계에서 신청해주신 영웅시대 분들에게 발송을 했는데요. 이 내용이 인터넷 매체에 보도가 된 데 이어 TV조선 <뉴스9>에 방송이 됐습니다. 2023년 3월 1일에는 <앵커 칼럼 오늘>에 '임영웅

1장 기부와 봉사

의 방석'이라는 제목으로 기적의 방석 이야기가 보도되었고, "한 사람(임영웅)의 몸가짐과 마음 씀이 수많은 가슴에 훈풍을 일으키는, 선한 영향력을 실감한다."는 말로 마무리했습니다.

저는 이 사건을 '기적의 방석 스토리'라고 이름 붙였습니다. 조그만 도움 요청으로 가볍게 시작된 일이 저 젊은 할배가 TV조선 <뉴스9>에 등장할 정도로 커졌습니다. 바로 영웅시대 덕분입니다. 이 사건은 참 많은 것을 생각하게 합니다. 기적이란 이런 것이구나, 선한 일은 이렇게 커지는구나, 라고 생각하며 참 마음이 따뜻해졌던 경험이었습니다.

임영웅 덕질 보고서

왜 임영웅 팬튜버가 됐을까?

"왜 임영웅 영상만 만드세요? 다른 가수들 내용은 안 다루시고요? 요즘 시끌시끌한 문제 있는 연예인들 다루면 조회 수도 높아지는 거 같던데요?"

최근 주위에 있는 한 분께 들은 이야깁니다. 왜 임영웅 팬튜버로 있느냐는 질문을 돌려서 한 말이라고 생각합니다. 곰곰이 생각해 보니, 언제부터인지 모르게 아예 임영웅 콘텐츠만 만들어 왔던 거 같습니다. 하지만 이것을 거꾸로 이야기 하자면, 그 전에는 제 유튜브 채널이 엄청나게 난장판이었다는 것입니다. 이것은 부끄러운 저의 과거이기도 합니다. 이 이야기를 할까 말까 고민도 했습니다. 하지만 이런 부끄러운 저의 '흑역사'도 우리 구독자님들이 아시면, "아 젊은할배가 그랬었구나." 하면서 더 좋아해 주시지 않을까 싶어서, 여기에 다 털어 놔 보겠습니다. 멋모를 때 한 일이니까요. 임영웅을 제대로 알고서는 절대 그럴 수 없죠! 너그러운 마음으로 들어봐 주시면 감사하겠습니다.

아시다시피 저는 대전에 살고 있습니다. 고향은 충북 단양이지만, 일찍이 외지로 나왔습니다. 대전에서 대학을 졸업하고, 취직을 하고, 결혼도 했습니다. 첫 직장은 '중도일보'라는 신문사였습니다. 그리고 15년 쯤 지나 인터넷 신문 '디트뉴스24'로 이직해 기자직을 계속 이어갔습니다. 그리고 2017년쯤, 신문사에서 나왔습니다. 기자 생활만 28년을 한 셈입니다. 이때부터 유튜브에 관심을 갖기 시작 했습니다. 하지만 유튜브에 대해 잘 알지 못한 상태였고, 멋모르고 뛰어든 결과는 참혹했습니다. 제가 아는 거라고는 28년간 기자 생활을 하며 지역사회에 대한 사회문제에 대한 비판적인 기사를 쓰는 것이 전부였습니다. 1년 내내 지역사회 문제와 지역 정치인들에 대한 이야기를 유튜브 영상으로 담았는데, 암담했습니다. 구독자가 1,000명도 되지 않았기 때문입니다.

젊은할배 이야기

2019년 12월 <미스터트롯> 방영 당시, 저는 이 방송을 몰랐습니다. 원체 노래 프로그램을 잘 보지 않았던데다가, 무엇보다 연예계 소식을 다룬다는 건 엄두가 나지 않았습니다. 시골 도시에 있는 신문사에서 일한 일반기자 출신이 어떻게 연예이야기를 할 수 있을까? 상상도 하지 못했습니다. 그러던 중, 2020년 2월 쯤 "미스터트롯이 요즘 인기인데, 한번 다뤄봐라."는 주위의 조언을 듣게 되었고, 그때부터 관심을 갖기 시작 했습니다.

방송을 켜고, 그저 보고만 있었습니다. 여러 가수들이 트로트 경연을 벌이는 가운데, 제 눈에 띄는 건 임영웅이었습니다. 그냥 무심코 보고 있었는데도 말이죠. 아마 그 무대가 '레전드' 무대로 회자되는 '보랏빛 엽서' 무대였을 겁니다. 그냥 틀어놓고 보고 있었던 상황이었는데도 임영웅의 노래가 너무나 압권이었습니다. 이 곡의 원곡자인 설운도도 심사평에서도 이야기 했지만, 저도 원곡자보다 더 잘 불렀다고 생각합니다. 임영웅의 담백한 보랏빛 엽서 무대를 보고난 뒤, '울면서 후회하네', '두주먹', '배신자' 무대를 연이어 보게 되면서 저도 모르게 임영웅의 감성에 빠져들게 됐습니다.

그동안의 기자 생활 덕에 뉴스를 정리하는 일은 그나마 제가 제일 잘 할 줄 아는 일이었습니다. 그래서 매일 올라오는 미스터트롯 관련한 여러 가지 보도 뉴스를 정리해서, 매일 구독자님들에게 쉽게 전달해 드리는 일을 시작했습니다. 그러다 보니 여러 영웅시대 팬 분들이 제 채널에 모이게 되었고, 구독자님들이 직접 보내오는 다양한 이야기들을 제보를 받아 알려 드리게 되었으며, 그것이 지금까지 이어져 오고 있습니다.

사실 저는 2020년 3월 14일, 임영웅이 미스터트롯 되는 것을 이미 알고 있었습니다. 어떻게 알았을까요? 제 커리어 경험을 살려 우리나라 대표 포탈에서 가장 많이 검색된 가수를 찾고, 여러 통계와 시청률 및 투표의 관심도 등을 세세히 살폈는데, 가히 임영웅이 압도적이었습니다. 제 채널에 올라가 있는 그 당시의 영상을 찾아보시면 아실 겁니다. 저는 미스터트롯 경연 중간부터 준결승 진출자를 예상 했고요. 당시 TOP7을 거의 맞췄습니다. 그래서 처음에는 TOP7(나중에 TOP6가 되었습니다만)의 콘텐츠에 집중해 유튜브 채널을 운영했습니

젊은할배 이야기

다. 하지만 이미 제 마음속의 임영웅은 월등한 차이로 1위를 달렸고, 점점 더 시간이 갈수록 임영웅에 집중되었던 듯합니다. 그래서 자연스럽게 임영웅 콘텐츠가 많아지게 되었습니다. 제 채널 구독자님들도 미스터트롯을 보시는 시청자 분들보다는 서서히 임영웅 팬들로 채워지게 되었습니다. (심지어 저는 미스터트롯을 방영했던 그해, 포천으로 웅지 순례까지 다녀올 정도로 빠져들게 되었습니다.)

최근 들어 많은 유튜버들이 조회 수를 올리기 위해 사회문제가 있는 일부 아티스트나 연예인들의 이야기를 업로드하며 채널의 정체성을 옮깁니다. 그런 현상들을 보며 저는 오히려 마음이 편했습니다. 드디어 내가 의리를 지킬 수 있는 기회가 왔구나. 하고 말입니다. 임영웅에게 감동 받고, 그것을 구독자님과 나누고. 또, 이럴 때일수록 더 임영웅에 집중해야겠다는 다짐도 했습니다. 무엇보다도 수 천 명, 아니 만 명에 가까운 저의 휴대폰 속 전화번호 구독자님들이 있었기 때문입니다. 또, 이 분들이 전해주시는 생생하고 따끈따끈한 임영웅의 무수한 정보들을 매일 아침 방송을 하는 것은 그 누구도 흉내 낼

수 없는 생생한 콘텐츠입니다. 그 감사함에 힘입어, 한 눈 팔 이유도 없었습니다. 사회문제, 지역정치를 다루며 헤매던 제가 '인생로또' 임영웅을 만나서 여기까지 왔는데, 한눈 팔 이유가 있을까요? 딴 짓을 할 이유가 전혀 없죠. 우연히 주변의 추천으로 시청하게 된 미스터트롯의 무대가 지금의 저를 만들었으니, 오히려 잘 됐습니다.

젊은할배 이야기

2

모두가 기다렸던 그 날

임영웅의 콘서트에 대해 보고합니다.

2024 아임 히어로
더 스타디움 콘서트 티저

가수 임영웅의 진가는 콘서트에서 빛을 발휘했습니다. 미스터트롯 경연대회에서 진이 된 이후, 1년 6개월간 TV조선 엔터테인먼트 자회사와의 계약으로 방송과 탑6과의 공연에 머물던 임영웅은 2022년 6월 계약이 종료되면서 물 만난 고기처럼 활발한 활동을 시작했습니다.

모두가 그렇겠지만, 저는 임영웅의 첫 단독 콘서트를 잊지 못합니다. 2022년 5월 6일 고양 콘서트를 시작으로 창원과 광주, 대전, 인천, 대구 그리고 서울을 하늘색으로 물들였습니다. 콘서트는 말할 것도 없이 일찍이 매진되었고, 공연장 밖이라도 구경하러 오는 겉돌이(공연장 안에는 들어가지 못하고, 공연장 밖에서만 즐기다 가는 팬들을 이르는 말)도 생겨났습니다. 또, 콘서트가 열리는 해당 지역은 엄청난 관객으로 인해 경제적 효과도 톡톡히 거두기도 했습니다.

2022 전국투어 콘서트

2022 전국투어 콘서트는 2022년 5월 6일 시작해 8월 14일, 101일간의 일정으로 끝났습니다. 그리고 12월 2일

부터 11일까지 부산과 서울에서 앙코르 콘서트를 진행했습니다. 전국 7개 도시에 총 26회, 약 24만 명의 관객이 모였고 전 회차 매진으로 마무리됐습니다.

이때부터 임영웅 콘서트 티켓팅은 '효도 전쟁'이라고 불렸습니다. '피 터지는 티켓팅'이라고 해서, '피켓팅'이라고 불리기도 했습니다. 최고 트래픽 81만, 대기시간 153시간이라는 기록을 남겼고, "주제 파악하라.", "호남 평야에서 공연해 달라."는 말이 이때부터 나오기 시작했습니다.

임영웅의 콘서트는 전 세대를 아우르는 콘서트라는 점이 특징이었습니다. 콘서트 때마다 관객 연령대에 대해 집계를 했더니, 8세부터 103세까지 다양했습니다. 그 야말로 3대가 함께 즐기는 콘서트인 것입니다. 트로트 장르는 물론이고 발라드와 팝, 록, 힙합, EDM 등 다양한 장르를 선보여 다채로움과 함께 각 세대가 즐길 수 있게 꾸며졌습니다.

특히 스태프들의 친절은 빼놓을 수 없는 자랑거리가

임영웅 덕질 보고서

됐습니다. 공연업계에서는 "임영웅 콘서트를 표본으로 삼아야 한다."라며 칭찬을 아끼지 않았습니다. 특히 안내 스태프 수를 늘려 팬들이 1대 1로 케어를 받는 것 같은 배려를 제공했습니다. 또, 콘서트가 끝난 뒤 공연장에서 지하철까지 배치된 스태프들의 친절은 임영웅의 배려를 느끼게 했습니다.

콘서트가 열리는 지역마다 다른 색상의 방석을 선물로 나눠주고, 스탬프나 포토존 등을 마련해 즐기는 콘서트를 마련했습니다. 이와 함께 지역명 이행시가 찍힌 영수증이라든지 공연 직전 대기 중에 임영웅이 직접 보내는 문자를 스크린을 통해 전체에 공개해 기다리는 설렘을 배가시켜 주었습니다.

치열한 티켓팅

콘서트 입장을 위한 티켓팅은 언제나 화제입니다. 매번 오픈 동시에 전석이 매진되어 임영웅의 티켓 파워를 입증했고, 팬들뿐 아니라 일반 국민들도 임영웅의 콘서트를 주목하게 되었습니다. 특히 서울 콘서트 티켓이 오픈된 2022년 7월 7일은 PC방마저 후끈 달아올랐다는 언론 보도가 나올 정도로 관심을 모았습니다. 남들보다 빨리 티켓 구매 페이지에 도달하려면 조금 더 좋은 사양의 PC로 접속을 해야 했기 때문입니다. PC방 전문 리서치 서비스 업체인 '게임트릭스'는 이날 오후 8시 기준 전국 PC방 가동률은 31.18%를 기록했다고 전했습니다. 하루 일 평균 가동률이 16.13%인 것과 비교하면 두 배 가까운 기록입니다. 그 결과, 티켓 오픈 즉시 접속 대기자가 81만여 명에 이르렀고, 단시간 안에 매진되었습니다.

서울 콘서트 티켓팅이 끝난 뒤, 임영웅의 인스타그램에 한 게시물이 올라왔습니다. "나도 맨날 실패. 이 정도면 도전 자체가 효도"라는 글과 함께 첨부된 사진은 콘서트 티켓팅을 위한 구매 페이지 접속 대기 인원이 50만 명을 넘어선 사진이었습니다. 임영웅도 티켓팅을 시도했지만, 팬들에게 밀려 실패하고 말았습니다. 성공하기 위해 '광클'을 했을 임영웅을 생각하면 괜스레 미소가 지어

집니다. 전국투어 콘서트를 마치고 열린 서울 앙코르 콘서트는 초대형 규모의 고척스카이돔에서 진행되었습니다. 이 콘서트도 앞선 콘서트와 마찬가지로 전 회차 전석 매진과 동시에 최대 83만 트래픽을 기록하며 최고 수치를 기록했습니다. 참으로 어마어마한 숫자입니다.

LA의 하늘도 푸른 하늘색

임영웅의 2023년은 LA 콘서트로 시작됐습니다. 임영웅은 12월 10일 서울 고척스카이돔에서 전국투어 콘서트 '아임 히어로'(IM HERO) 앙코르 서울 공연 마지막 날 공연 말미에 VCR 화면을 통해 '왓츠 넥스트'(What's next)라는 글귀와 함께 미국 로스앤젤레스(이하 LA) 공연 개최 소식을 전했습니다.

2023년 2월 10일과 11일, 이틀 동안 임영웅의 콘서트가 펼쳐지는 LA 돌비극장은 LA 할리우드 중심에 위치해 있고, 여러 아카데미 시상식장으로도 유명한 곳입니다. 그날만큼은 하늘색 물결이 흐르는 전 세계 영웅시대가 모인 축제의 장소가 되었고, 당시 거리 노점상들은 임영웅 노래를 틀며 팬들을 향한 마케팅에 열을 올렸습니다.

LA의 근교 도시 '어바인'의 타미 킴 부시장이 콘서트에 방문해 인터뷰를 하는 기회를 가질 수 있었습니다. 임영웅 팬들이 많이 모였는데 기분이 어떠냐는 질문을 했더니, 신기하고 너무 좋다는 감상과 함께 임영웅의 '찐팬'인 팔순 어머니를 모시고 왔음을 밝혔습니다.

아시아나 항공 LA행 비행기에서는 "오늘 승객 중에 우주 별빛 히어로님들 탑승을 감사드립니다. 저희 아시아나 가족들도 이번 임영웅의 LA 콘서트 성황리에 잘 마치길 기원합니다."라는 기내 방송 멘트를 했습니다.

모두가 기다려온 LA 콘서트는 이틀 동안 약 6,800명이 관람했습니다. 하늘색 빛 축제가 현지 곳곳에 펼쳐졌고, 임영웅의 '히어로 매직'은 찬란히 빛났습니다.

공연 기획을 함께 했던 미국의 공연 기획사 'AEG Presents'의 수석 부사장인 수잔 로젠블루스는 "돌비 극장에서 매진된 임영웅 두 공연을 함께 해 영광으로 생각한다. 팬들은 임영웅 콘서트를 직접 경험하기 위해 전 세

임영웅 덕질 보고서

계에서 왔고 매일 밤 기립박수로 감사를 표했다.”라고
말해 국내 언론들이 일제히 보도했습니다.

콘서트가 끝난 뒤, 임영웅은 북미주 한인 라디오 방송
인 ‘어서옵SHOW’에 출연해 LA에 거주하는 교포들에게
인사했습니다. 저도 영웅시대 팬들과 함께 라스베이거스
와 그랜드캐니언을 여행하는 중, 이 라디오 방송을 듣게
되어 굉장히 반가웠던 기억이 납니다. 임영웅은 “LA가
정말 멋있다. 날씨도 좋고 보이는 시야 자체가 다르다.
잔디도 깔끔하고 도로도 잘 정리돼 있다. 러닝을 뛰는데
너무 행복했다.”라며 LA를 접한 소감을 이야기했습니다.
또, “첫 해외 콘서트에 대해 걱정을 많이 했었지만 티켓
이 매진되는 것을 보고 설렘과 기대로 바뀌었다. 빨리 가
서 만나 뵙고 싶다는 생각으로 가득 찼다.”라며 팬들에
대한 애정을 드러냈습니다. 이어 “돌비 극장 어떤 곳인
지 처음엔 몰랐다가 오스카 시상식을 하는 곳이라고 해
서 깜짝 놀랐다. 거기서 내가 공연을 했다는 게 놀랍다.”
라고 공연 소감을 밝히기도 했습니다. 라디오 진행자가

출연 소감을 묻자 "콘서트에 못 오신 팬들을 위해 목소리로나마 에너지를 드릴 수 있어서 즐거운 시간이었다."라고 대답했습니다.

젊은할배의 LA콘서트 탐방기

2023년 2월 11일 저녁, 저 젊은할배도 미국 LA에 있었습니다. 그것도 LA 중심가인 할리우드 거리에 있는 돌비극장 3층에 앉아 있었습니다. 어떻게 해서 여기까지 왔을까? 아무리 생각해 봐도 쉽게 이해가 잘 안 되는 상황이었습니다. 하지만 현실이었습니다. 임영웅의 첫 해외 콘서트인 LA 콘서트에 함께하고 있었던 겁니다. 개인적으로도 정말 역사적인 순간이었습니다. 시간을 조금 거슬러 올라가면 고척스카이돔에서 'LA 콘서트'가 발표되면서부터 제 마음은 이미 LA에 와 있었습니다.

아차, 사실은 LA 공연에 못 따라갈 뻔했습니다. 무슨 일이었냐고요? 지금에서야 편안하게 이야기하지만, LA에 가기까지 여러 고비가 있었습니다. 저는 LA 콘서트 티켓팅을 성공한 뒤에 나 홀로 LA까지 가는 방법을 찾아보았습니다. 그런데 LA에 거주하는 구독자 한 분이 "혼자 오면 너무 비용이 많이 든다. 숙박도 그렇고 음식도 비싸다. 여행사를 통해 오는 게 좋겠다."라는 조언을 해주었습니다. 그래서 여행사를 알아보았고, 미국 서부여행 코스에 LA를 2월 11일 하루 들르는 코스로 맞춰 예약을 했습니다. 하지만 여행상품의 최소 인원이 채워지지 않아 취소되고 말았습니다. 너무나 깜깜한 상황에서 영웅시대 분들이 삼삼오오 콘서트 투어단을 꾸린다는 이야기가 들려왔고, 저에게도 여행단 일행을 연결해 달라는 구독자님들의 문자가 오기 시작했습니다. 그래서 저도 그 여행단에 함께 하고자 했지만, 아무래도 여성분들이 많이 모인 팬덤의 특성상 함께하기 어렵다는 답변만 들었습니다. 진짜 이러다 못 가게 생겼구나……. 라며 반포기 상태였는데, 감사하게도 닉네임 가을하늘 님이 추진하는 여행단에 함께할 수 있게 되어 LA행 비행기에 몸을 실을 수 있었습니다. 젊은할배 인생 최고의 순간이 진짜 날아갈 뻔했지요. 얼마나 감사했던지, 이 책을 빌려

다시 한 번 감사하다는 말씀을 전해 드리고 싶네요.

　우여곡절 끝에 LA 돌비극장 공연장에 도착했습니다. 기대되는 마음을 안고 입장한 내부는 4층 극장식으로 되어 있었습니다. 저는 공연장 전체를 조망하면서 공연을 즐기고 싶어 3층에 자리를 잡았습니다. 해마다 아카데미 시상식이 열려 전 세계적으로 유명해진 돌비극장은 아늑함마저 들었습니다. 그곳에 내가 앉아 있다니? 그리고 그 앞에는 임영웅이 무대에 서 있고. 실감이 잘 나지 않았던 것 같습니다.

　공연은 그야말로 제 귀에 쏙쏙 들어왔습니다. 공연장의 특수성 때문인지, 살짝 울림이 있으면서 노래가 위로 올라와 3층까지 아주 잘 들렸습니다. 특히 노랫소리가 더 감동을 주었는데, 사실 국내에서도 이렇게 가까이에서 임영웅의 노래를 들은 적이 없었습니다. 서울, 부산, 대구, 대전, 광주에서 8천 석에서 1만 5천 석 좌석의 대규모 공연장을 들어가 보면 늘 무대와 100여 미터 떨어진 뒷좌석이 대부분 제 자리가 됐습니다. LA도 좌석은 3층

임영웅 덕질 보고서

이었지만, 공연장 구조가 무대와 객석이 아주 가깝게 만들어져 있어서 모니터가 아닌 직접 아티스트를 보면서 즐길 수 있었습니다. 국내보다 미국에서 가장 가까이에서 즐긴 셈이 됐습니다. 해외 공연이라 연주자들과 댄서들이 다 오지 못했지만, 오히려 임영웅 아티스트에 집중할 수 있는 시간이었던 것 같습니다.

지금 글을 쓰며 다시 생각해 봐도 임영웅의 첫 해외 콘서트 LA 공연은 젊은할배에게 최고의 순간이었던 것 같습니다. 내 인생에 이런 때가 또 올 수 있을까? 그리고 또 임영웅이 해외 콘서트 투어에 나선다면 따라갈 수 있을까?라고 생각해 봅니다. LA에 있는 돌비극장 3층 자리에 앉아서 임영웅의 공연을 즐기는 순간은 절대 잊지 못할 것 같습니다. 또, 2일 간의 콘서트가 끝나고, 나머지 6일간의 미국 서부 여행은 덤이었습니다. 샌프란시스코, 라스베이거스, 그랜드캐니언으로 이어지는 여행을 다닐 수 있었는데, 이렇게 미국을 돌아볼 수 있었던 것도 임영웅 덕분이었다고 할 수 있겠지요. 특히 함께한 32명의 여행단은 모두 영웅시대만으로 구성되어 있어 콘서트 후 일담을 나누느라 시간 가는 줄 몰랐습니다. 정말 잊을 수 없는 LA 콘서트 탐방이었습니다.

2023 전국투어 콘서트

2023 IM HERO 콘서트는 예매부터 새로운 기록을 썼습니다. 티켓 예매처를 예스24에서 인터파크로 바꾼 뒤, 첫 예매는 서울 공연부터 시작했고 최다 370만 트래픽을 기록했습니다. 대기 인원은 62만 명을 넘었습니다. 손님을 도와 예매를 성공한 한 카페의 아르바이트생 일화가 방송에 보도될 정도로 화제가 됐습니다. 2023 전국투어는 서울, 대구, 부산, 대전, 광주, 고양에서 총 21회 진행됐고, 총 22만 명이 관람했습니다. 햇수로는 2년째 공연이 진행되면서 서울 공연을 3회에서 6회로 대폭 늘렸지만, '피케팅'이라는 말은 사그러들지 않았습니다. 올림픽공원 KSPO돔에서 열린 서울 공연은 10월 27일~29일, 11월 3일~5일 총 6일간 진행되었으며, 약 8~9만 명이 관람했습니다.

임영웅 덕질 보고서

서울 공연이 끝나고 팬들을 배려한 시설과 서비스로 "대접받는 느낌이 들게 한다."라는 후기가 많이 언론에 보도됐는데, 그것은 시설 면에서 몇 가지가 보완되었기 때문이었습니다. 먼저 인터파크 사상 처음으로 예매 이전부터 임영웅 팬들을 위한 전용 상담 고객센터가 개설되었습니다. 또, 공연장 안에는 360도 무대와 시야 제한석 어디서나 볼 수 있는 고화질의 초대형 입체 전광판이 12개가 설치되었습니다. 중장년층 팬들을 위한 배려인 것입니다.

그동안 공연장에서 느끼는 여성들을 위한 화장실 문제를 해소한 것은 업그레이드된 공연문화를 보여줬습니다. 50칸의 간이 화장실이 설치됐고, 근처 핸드볼 경기장 화장실도 개방해 줄 서는 불편함을 완전히 해소했습니다. 티켓을 분실했을 경우 현장에서 재발행하는 서비스도 도입돼 아이돌 팬들의 부러움을 샀습니다.

콘서트를 기다리는 팬들뿐 아니라 어머니 팬들을 모시러 온 자녀들을 위한 공간도 마련됐습니다. 대기를 위한 'Hero Station'이 준비되었고, 대기 존에 소파 80개

와 난로 10개가 설치해 팬들을 위한 배려, 대접받는 느낌
이 들게 했습니다. 아이돌 팬덤에서는 그동안 공연장에
서 느꼈던 불만을 토로하며 "임영웅 콘서트를 표본으로
삼고 배워라!"라는 등의 볼멘소리가 터져 나왔습니다.

공연장은 이 외에도 지난해 콘서트보다 더 많은 스태
프를 배치해 MD 구매 존에서 신속한 결제가 이뤄지게
했으며, 팬들이 직접 입어보고 살 수 있게 하는 배려도
아끼지 않았습니다. 많은 안내 요원과 스태프를 배치해
지하철역부터 안내하고, 직접 사진도 찍어주며 공연장
내부에서는 좌석까지 직접 모셔다드리거나 어두운 곳은
직접 플래시를 비춰 주는 등 '맞춤형 서비스'의 전형을
선보였습니다.

첫 지방 투어가 진행된 대구 공연에서는 추운 날씨를
고려해 전시장 한 곳을 추가로 전체 대관했습니다. 야외
에 있던 각종 편의 시설을 그대로 실내로 옮겨와 팬들로
부터 칭찬을 받았고, 공연을 거듭하며 서비스가 더 진화
했는데요, 마지막 고양 공연장에서는 전시장 두 관을 추

임영웅 덕질 보고서

가로 전체 대관하기도 했습니다. 팬들은 한층 더 여유 있고 안락한 환경에서 콘서트를 기다릴 수 있었습니다.

공연의 퀄리티도 큰 호평을 받았습니다. 무대를 광활한 우주 테마로 연출해 우주선을 통해 입장과 퇴장하는 웅장한 스케일은 장관이었습니다. 특히 마지막 콘서트인 고양에서는 무려 4시간 동안 공연이 이어졌고, 직관한 팬들은 임영웅이 50곡 이상 노래를 불러줬다며 좋아했습니다. 이 콘서트에서 준비된 '스페이스' 코너 사연에 발탁된 연기자 나문희 씨의 사연은 압권이었습니다.

콘서트를 체험한 언론사 기자들의 취재기도 쏟아졌는데요. 이때부터 3무(無) 콘서트라는 말도 나왔죠. 초대권, 게스트, 빈 좌석이 없는 공연이라는 이 말은 임영웅이 팬들을 더 중요시한다는 의미로 받아들여져 팬들로서는 기분 좋은 표현이었습니다. 또, 어느 매체에서는 3유(有)라는 말도 했는데요. 임영웅의 배려, 영웅시대의 따뜻한 마음, 스태프들의 친절함이 있는 콘서트라는 이야기였습니다.

모두가 기다렸던 2024 상암 콘서트

상암 콘서트는 처음에는 앙코르 콘서트로 진행될 예정이었지만, 2024년 2월 고양 콘서트에서 깜짝 공개된 서울 월드컵경기장 공연은 나중에 'IM HERO - The Stadium'이란 정식 이름을 찾았습니다. 상암 콘서트는 임영웅 자신에게도 공연에 한 획을 긋는 콘서트여서 의미가 더 컸을 겁니다.

상암 콘서트의 티켓팅 역시 피켓팅으로 이어졌습니다. 전석 매진과 트래픽 약 960만 번으로 국내 공연 사상 예매 최고 트래픽을 기록했습니다. 공연예술 통합전산망에 따르면 5월 25일 첫날 관객 수는 4만 7천 219명으로 집계됐습니다. 저도 이 중의 한 명으로 시야 제한석에 자리를 잡았지요. 전혀 불편함 없이 즐길 수 있었습니다. 내 손으로 직접 티켓팅에 성공했다는 것 하나만으로도, 그리고 상암 공연장 안에 앉아 있는 것만으로도 뿌듯했고, 또 많은 팬의 부러움을 샀었지요. 상암 콘서트가 진행된 이틀간 약 10만 명이 관람했습니다. 공연장 밖에 계신 걸

돌이 분들도 수만 명에 달해 그야말로 기록적인 콘서트
가 됐습니다.

임영웅이 늘 이야기하던 40명, 400명, 4천 명, 4만 명
의 순에서 가장 마지막에 정점을 찍은 상암 콘서트는 여
러 가지 이야깃거리를 남겼습니다. 우선 압도적인 공연
스케일이 화제가 됐습니다. 완성도 높은 무대 연출과 잔
디 보호를 위해 그라운드석을 없애는 등, 여러 미담을 쏟
아냈습니다. 공연의 퀄리티를 높이면서 공연의 패러다임
을 바꾸어 놓았다는 전문가들의 호평이 이어졌습니다.

좀 더 살펴보자면, 제일 먼저 무대 설치에 대해 이야기
하고 싶습니다. 티켓팅을 할 때 공개가 됐지만, 상암 공
연장 무대 설치는 정말 여러 사람을 깜짝 놀라게 했습니
다. 임영웅은 축구장 잔디 보호를 위해 그라운드 객석을
아예 없앴습니다. 대신 그라운드 밖 경기장 트랙 부분에
4면 전체를 두른 돌출 무대를 만들었습니다. 공연 업계
에서는 잔디 위에 좌석을 마련하는 이전의 형식으로 진

2장 모두가 기다렸던 그 날

행하지 않고, 잔디 보호를 위해 좌석을 없앤 것은 대략 40억 원 정도의 수익을 포기한 것이라며 대단하다고 이야기합니다.

그라운드에 좌석은 만들지 않았지만, 그 공간이 이렇게 변할 줄은 현장에서 직접 보기 전까지는 아무도 몰랐습니다. 잔디 보호를 위해 그라운드 정중앙에 설치된 무대는 조립식으로 진행되었고, 이것 또한 팬들에게는 볼거리를 제공했습니다. 공연 3시간 정도를 앞두고 무대가 설치되었는데, 일찍 들어간 팬들은 이 과정을 모두 지켜볼 수 있었기 때문입니다. 미리 무대를 설치해 놓지 않고, 공연 직전에 무대를 설치하는 것은 이유가 있었습니다. 잔디가 빛을 보지 못할 때 스트레스를 받는 시간을 줄이려는 노력이었다는 것이 알려지면서 축구 팬들은 감동했습니다.

후일담이지만 잔디를 물리적으로 보호해주는 '테라플러스 시공법'은 잔디가 손상 없이 최대한 보호되지만, 기술 시공비는 엄청난 고가라고 합니다. 공연 수입의 상당 부분이 이 시공법을 쓰기 위해 사용됐다고 하며, 결과

임영웅 덕질 보고서

적으로 잔디 훼손을 최소화해 미디어와 축구 팬들, 그리고 영웅시대로부터 칭찬 세례를 받았습니다.

그라운드에는 특수 재질의 하얀 천을 깔았습니다. 이 공간이 공연 때 대형 캔버스가 되면서 더 멋진 연출이 이뤄졌습니다. 가운데 무대에서 임영웅이 '모래 알갱이'를 부를 때 캔버스로 바뀐 그라운드가 바다로 변신해 밀려오는 파도는 그야말로 장관이었습니다.

노래와 연출은 말할 것도 없습니다. 저는 전문가가 아니라 세밀하게 알 수는 없지만, 콘서트가 끝나고 언론에 보도된 내용을 종합해 보면 의상과 연출, 무대를 함께 만든 댄서와의 퍼포먼스 등 모든 것이 압도적이었습니다. 먼저, 처음 등장할 때 입은 화려한 의상은 황태자의 포스를 뽐냈습니다. 158명이 참여한 댄서들의 춤도 최고 수준이었습니다. 유명 댄서 '립제이'가 참여를 했고, 댄스 크루 '프라우드먼'도 임영웅과 호흡을 맞추며 열기를 끌어올렸습니다.

콘서트 중, 임영웅이 팬들에게 감사해하는 내용의 내레이션과 팬들을 향한 마음을 담은 손 글씨를 레이저 빔으로 써 내려가는 레이저 쇼가 연출이 되었는데, 이 이벤트에 너무 감동했다는 분들도 많았습니다. 임영웅의 진정성과 예술성이 돋보이는 연출이었으며, 이처럼 공연장의 그라운드를 이용한 예술 쇼가 곁들여진 콘서트는 국내 오프라인 콘서트 사상 최초라고 합니다.

임영웅이 팬들과 가까이 다가가기 위해 돌출 무대를 서너 바퀴 직접 돌았는데요. 체력이 대단하다는 생각밖에 안 들었습니다. 또 2층에 있는 관객을 위해 열기구를 타고 360도 한 바퀴를 돌기도 했지요. 저는 시야 제한석에 있어서 정확히는 못 봤지만, 은하계에 우뚝 서 있는 듯 높은 리프트에서 노래를 부를 때는 많은 팬이 개기일식을 보는 듯했다고 했습니다. 공연 마지막을 불꽃놀이로 장식했는데, 아낌없는 투자를 느낄 수 있는 콘서트였다는 게 이구동성으로 나왔습니다. 158명의 댄서와 함께 선보인 대규모의 메가 크루 퍼포먼스는 웅장하고 화려한 올림픽 개막식이나 폐막식에서나 볼 법한 매스게임 같았다는 언론들의 평가도 나왔습니다.

　상암 콘서트에서도 역시나 배려와 팬서비스는 빠지지 않았습니다. 공연 전부터 '참외 미담'으로 화제가 되었습니다. 리허설을 진행하는 경기도 모처의 장소 인근 지역 주민들에게 "소음으로 죄송하다."라며 돌린 참외 상자가 인증사진과 글이 커뮤니티에 올라오면서 이 사실이 알려졌는데요. 나중에 소속사는 "임영웅 가수가 직접 방문해서 돌린 것은 아니다."라고 바로 정정했는데, 이 또한 겸손한 해명이라며 훈훈하게 했습니다.

　콘서트 첫날에는 한 스태프가 몸이 불편하신 어르신 팬을 직접 업고 계단을 올라가 자리로 안내해 드린 모습이 이슈가 됐습니다. 임영웅 콘서트에서만 볼 수 있는 장면이 아닌가 싶은데요. 각종 언론에서 이 내용을 크게 다뤘습니다. 공연 둘째 날 임영웅은 공연 중간에 그 스태프를 찾아 '진정한 히어로'라고 칭찬하면서 주목을 받았습니다.

2장 모두가 기다렸던 그 날

만약을 대비한 우의 제공도 그야말로 탁월한 선택이었습니다. 콘서트에 입장한 10만 명에게 선물로 전달된 우의는 콘서트 둘째 날 비가 올 때 팬들이 활용할 수 있게 돼 유용한 선물이 된 셈이 됐습니다.

임영웅 콘서트 이전에도 그랬지만 친절한 안내와 각종 편의 시설은 팬들로부터 대접받는 느낌을 줬습니다. 특히 티켓 색상별로 안내 선을 마련해, 자신의 자리를 아주 쉽고 빠르게 찾을 수 있도록 배려한 것도 언론에서는 임영웅 콘서트에서만 볼 수 있는 배려라며 칭찬했습니다.

영웅시대도 칭찬을 받아야 하는 일이 공개되기도 했습니다. 자신을 청소 아르바이트생이라 밝힌 A씨는 "상암 월드컵경기장에서 열린 임영웅 콘서트에서 미화 청소 알바를 했다. 관객석 주변을 깨끗이 하는 작업인데, 쓰레기가 정말 없어서 놀라웠다. 그 가수에 그 팬이구나 싶다."라는 글을 올리며 영웅시대의 매너있는 면모를 전했습니다. 임영웅의 팬들은 콘서트에 앞서 재활용 쓰레기봉투를 필수로 챙기고, 쓰레기를 되가져오자고 독려하는 글을 공지한 바 있습니다. 많은 팬이 이것을 스스로 실천하면서 이같이 청소 아르바이트생의 감동 후기가 나올 수 있게 한 것이었습니다. 실제로 콘서트가 끝난 뒤 팬들이 관객석을 돌아다니며 쓰레기를 줍는 모습을 담은 사진이 온라인 커뮤니티 등에 많이 올라오기도 했습니다.

이번 상암 콘서트는 긍정의 아이콘 임영웅의 성숙한 모습을 잘 보여주는 기회이기도 했습니다. 콘서트 이틀째 비가 내리면서 팬들은 빗속에서 노래를 부르는 임영웅을 걱정했지만 임영웅의 태도는 이런 걱정을 가시게 했습니다. 저는 25일 첫날 공연을 보고, 둘째 날에는 직접 보지 못했습니다. 다만 둘째 날 공연을 지켜본 저의 구독자님들이 전해주신 내용에 따르면, 걱정이 오히려 더 멋진 장면 연출이었다는 것으로 귀결되었습니다. 여러 언론의 보도 내용을 종합하면 대략 이런 이야기를 했습니다.

"개인적으로 비가 오는 날을 좋아하고, 축구 경기를 할

2장 모두가 기다렸던 그 날

때도 수중전을 좋아합니다. 비 오는 날 축구가 더 잘되더라고요. 그래서 오늘 노래도 더 잘 되지 않을까 싶어요. 이깟 날씨쯤이야. 비가 우리를 막을 순 없어요. 그리고 이렇게 큰 공연장에서 비 오는 날, 언제 또 공연을 해 보겠어요. 여러분들은 안전하게만 즐겨주시면 좋겠어요.”

빗줄기가 거세질 때 임영웅은 중앙 무대에서 ‘어느 60대 노부부 이야기’를 불렀습니다. 그리고 이런 이야기를 이어갔습니다. “하늘이 저에게 특수효과를 내려주신 것 같아요.”

팬들은 임영웅이 넘어질까, 전기 합선될까, 감기 걸릴까 걱정하지만, 임영웅은 오히려 긍정으로, 하늘의 축복으로, 행운으로 승화시키면서 팬들을 안심시켰습니다.

언론 초청 행사를 거의 하지 않았던 임영웅의 소속사 물고기 뮤직도 상암 콘서트 마지막 날에는 연예부 기자들을 초청해서 임영웅의 역사적인 콘서트 현장을 가까이에서 볼 기회를 제공했습니다. 콘서트가 끝난 뒤 나온 많은 긍정적인 언론 반응을 보면, 상암에서 벌어진 이틀간의 공연이 어떠했는지를 짐작해 볼 수 있을 것 같습니다.

Do or Die
라이브 클립

나에게 임영웅이란?
인생로또

저는 임영웅을 제 삶의 '인생로또'라고 표현합니다. 여기에는 사연이 있습니다. 우리 팬들도 "임영웅은 OOO 이다."라며 말을 하시지요? 지난 2021년 12월 KBS 송년특집 <We're HERO> 방송에 앞서서 위의 문장을 짓는 이벤트가 진행됐는데, 그때 저는 '임영웅은 나에게 인생로또'라고 적었습니다. 다른 분들은 "위로자다. 엔도르핀이다. 보약이다." 등 다양한 지어주셨지요. 제가 쓴 '인생로또'가 제작진의 선택을 받아 방송 배경 화면에 살짝 들어가는 행운도 얻었습니다. 사실 저는 직접 보지는 못했고, 현장에 있는 몇몇 분들이 제게 알려주셔서 알게 되었습니다.

왜 인생로또냐고요? 여러분들이 생각하신 것 그대로입니다. 신문사에서 은퇴를 하고 유튜브에 관심을 가질 때, 임영웅을 만나지 않았더라면 여전히 헤맸을 겁니다. 아마 포기를 하고 다른 일을 하고 있을 수도 있지요. 하지만 2020년에 임영웅을 만나면서 구독자들도 늘어나고, 또 구독자님들이 많이 봐주시는 덕분에 수입도 생기고, LA 콘서트도 가면서 미국 구경도 하고, 구독자님들과 소통하는 즐거움도 얻고……. 이보다 더 즐거운 은퇴 후 인생이 어디 있겠어요. 감사할 일이자, 진짜 고맙지요. 한눈팔 이유가 없다는 말, 이제 이해가 되시나요?

'사람 냄새'가 나는 임영웅

임영웅의 미담에 대해 보고합니다.

보기만 해도
행복한 추천 영상!

Do or Die
뮤직비디오

임영웅의 미담은 끝이 없습니다. 오죽하면 언론에서 '파파미'란 말이 만들어지기도 했습니다. '파도 파도 미담'만 나온다는 얘깁니다. 이런 이야기들을 들으면 언제나 마음이 따뜻해지고, 기분이 좋아지는 것 같습니다. 이렇게 눈으로 읽기만 해도 힐링이 되는 임영웅의 미담들을 지금부터 하나둘씩 꺼내 보려고 합니다.

모두 나눠 가져요

최근 임영웅은 '정관장'이라는 브랜드의 광고 모델이 되었습니다. 정관장은 멤버스를 가입하면 임영웅의 브로마이드와 포토 카드를 증정하고, 상품 구매 고객에게 스페셜 굿즈를 제공하는 프로모션을 진행했습니다. 보통 이런 프로모션은 일정 금액 이상의 물품을 구매해야만 굿즈를 제공합니다. 그래서 일부 팬들은 이 굿즈를 얻기 위해 많은 비용을 지불하고 상품을 구매하기도 합니다. 굿즈는 스타를 향한 팬심으로 작용하기 때문에 많은 브랜드들이 연예인을 광고 모델로 사용하여 매출을 높입니다. 하지만 임영웅은 다른 광고 모델과는 달랐습니다.

3장 '사람 냄새'가 나는 임영웅

굿즈를 얻기 위해 상품을 구매하러 갔던 한 팬은 SNS에 '눈물이 핑 도는 이야기를 들었어요'라는 제목과 함께 이런 글을 남겼습니다.

"정관장 매장 사장님께서 '우리 입장에서는 가격 상한선을 정해놓고 굿즈를 주면, 매상에 도움이 되죠. 그런데 본사에서는 가격과 상관없이 누구나 다 굿즈를 주라고 하더라고요'라고 말씀하셨어요. 임영웅이 계약을 체결할 때 그런 조건을 내걸었대요. 혹시나 팬들이 위화감 느낄까 봐요. 그래서 깜짝 놀랐어요. 임영웅에 대해 다시 생각하게 되었어요. 참 대단한 사람이네요."

길지 않은 이 글은 임영웅 팬들에게 감동을 주기에 충분했습니다. 저마다 사정이 다른 팬들 사이에 혹시라도 위화감이 생길까 봐 남다른 계약 조건을 내걸었던 겁니다. 저는 해당 글을 보자마자 대전 둔산동에 계시는 정관장 점장님을 찾아뵈어 이 내용에 대해 직접 물어봤습니다. 그러자 점장님은 그 사실이 맞다며 자신도 본사에서 똑같은 지침을 전해 받았다고 하셨습니다. '천 원어치만 사도 고객이니, 고객에게는 모두 굿즈를 제공하라'라고 말입니다.

　이 일화는 팬들과 네티즌 사이에서 많은 관심을 받으며 입소문을 통해 빠르게 퍼져 나갔습니다. 임영웅은 팬들을 아낌없이 챙겨주는 스타 중의 스타입니다.

긴박한 상황 속에서의 임영웅

　2022년 1월 21일 오후 4시쯤, 임영웅은 제31회 하이원 서울가요대상 시상식 관련 스케줄을 끝낸 후 매니저 차를 타고 이동 중이었습니다. 금요일 퇴근 시간이 가까워지면서 혼잡했던 올림픽대로에 한 승합차가 여러 차량과 추돌한 이후 가드레일을 들이받고 서 있었습니다. 퇴근길 올림픽대로 안에서 차량 진입이 많아지고 있던 와중에, 사고까지 발생하면서 대로변은 순식간에 혼란스러워졌습니다. 그때 사고 옆 차로에 지나가고 있던 임영웅 일행은 사고 차량 운전석에 정신을 잃은 남성을 발견합니다. 임영웅은 발견 즉시 달려갔고, 운전석을 눕혀 심폐소생술을 시도했습니다. 이후 119구조대가 빠르게 출동해 사태를 수습할 수 있었습니다. 당시 다른 피해 차량 운전자들은 해당 운전자의 상태를 인지할 겨를도 없었다고 합니다. 아무 관련이 없는 임영웅이 이를 발견하고 달려갔던 겁니다. 이 미담은 현장에 함께 있었던 사고 차량 탑승자들에 의해 알려지게 됐습니다. 그들은 임영웅의 재빠른 응급조치가 사고 운전자를 빠르게 회복하는 데 큰 도움을 줬다며 이야기를 전했습니다.

임영웅은 "저도 굉장히 당황스러웠다. TV에서만 볼 수 있는 일들이었는데 실제로 제 앞에서 그런 상황이 벌어지니까 저도 모르게 매니저 형과 차를 세우고 배웠던 대로 조치를 취했던 것 같다."라며 자신의 유튜브 채널 라이브 방송에서 당시의 일을 회상했습니다. 또, 임영웅은 군대 시절 배운 심폐소생술이 크게 도움이 됐다고 말하며 응급상황 시 심폐소생술의 중요성을 알렸습니다. 자칫하면 더 큰일이 생길 수 있었던 교통사고 현장에서, 임영웅은 생명을 구한 진짜 '영웅'이 되었습니다. 누구도 선뜻 나서기 쉽지 않았을 상황 속에서 임영웅이 생명을 구해 모두를 깜짝 놀라게 했던 이 미담은 언론에서 대서특필로 다루며, 수많은 국민들에게 널리 알려졌습니다.

2024년 1월 광주 콘서트에도 임영웅 스태프들의 빠른 대처와 후속 조치가 화제가 됐습니다. 이 내용은 한 네티즌이 자신의 블로그에 글을 올리면서 알려졌는데요, "'아임 히어로'(IM HERO) 임영웅 광주 콘서트 후기"라는 제목의 글이 올라왔습니다. 글의 주요 내용은 다음과 같습니다.

"엄마는 몇 년 전부터 협심증을 앓고 있어서 매일매일 약을 먹어야 하고 무리한 운동을 하면 안 된다. 그러다 며칠 전에 갑자기 가슴이 답답하다고 해서 응급실로 가 검사를 해 봤는데 아무 이상은 없지만 날씨가 추워서 원래 작은 혈관들이 더 좁아져 통증을 느낀 것 같다며 하루 정도 입원했다. 근데 엄마가 아파서 누워서도 하는 말이 '그래도 영웅이 콘서트는 갈 수 있어. 엄마 괜찮아.'였다. 진짜 어이없긴 했는데 이렇게 좋아하고 보고 싶어 하니 뭐라고 하겠나. 이후 검사 결과에 이상 없다고 해서 잘 다녀오라고 했다."

콘서트 가기 전 상황을 설명한 글쓴이는 다음과 같이

글을 이어갔습니다.

　"7일 오후에 엄마랑 친한 이모랑 둘이서 콘서트를 진행하는 김대중컨벤션센터로 갔고, 기다리는 동안 날씨가 추우니까 근처 카페에서 따뜻한 유자차를 사들고 나와 이야기를 나누고 있었다고 한다. 그러다가 엄마 눈에 초점이 없어져서 이모가 '언니, 괜찮아?'라고 물으며 부축해 주려고 했는데, 들고 있던 음료를 꽉 잡고 안 놓는다고 하더라. 그 후에 음료를 받아 다른 분한테 넘겨주고 뒤돌아보니 이미 엄마는 쓰러져 있었다. 다행히도 임영웅 콘서트에는 나이대가 있으신 분들이 많아서 그런지 구급요원들이나 경호원이 많아서 바로 조치를 해주었다. 근처 성모병원으로 가려다가 원래 검진받는 병원으로 갔다. 나도 동생이 전화를 해줘서 급하게 병원으로 갔는데, 엄마가 쓰러진 게 오후 3시 50분, 정신 차린 게 오후 4시 5분이고, 내가 도착한 시간이 오후 4시 20분쯤이다. 그때까지 콘서트 관계자 분께서 같이 계셨는데, 결과까지 듣고 가시겠다고 하셔서 5시까지 병원에 계셨다. 그러다가, 다른 병원으로 이동한다고 하니 관계자 분께서는 보호자인 아빠의 이름과 번호, 그리고 예매한 내역에 대해서도 후 조치할 수 있으면 최대한 해주겠다고 하시면서 예약자인 내 이름이랑 번호까지 적으시고 다시 돌아가셨다. 이후, 잠시 대기하고 있었는데 내 핸드폰으로 모르는 전화가 와서 받았다. 아까 봤던 분과 다른 관계자 분이셨다. 정말 감동이었던 건 콘서트 중에 쓰러진 것도 아니었고, 기다리면서 쓰러졌는데도 이렇게까지 챙겨준 게 너무 감사했다. 심지어 전원을 하기 전에 결과에 이상 없다면 무리 가지 않게 콘서트 관람할 수 있게 도와준다고 하셨다. 진짜 놀랐던 건 병원비 중 조금이지만 일부 지원해 준다고 하셨다는데 이렇게까지 후속 조치가 잘 되어있다는 것에 놀랐다."

이 내용은 연예 매체뿐 아니라 국내 대부분의 언론에서 다뤄지며 급속도로 번져 나갔습니다. 글쓴이는 자신의 가족과 관련된 이야기가 퍼지는 가운데, 임영웅과 콘서트를 만든 스태프들에 대한 감사함도 잊지 않았습니다. 그는 "이건 여담이지만 우리 가족 모두 엄마가 영웅이를 보려고 너무 설레서 심장이 너무 빨리 뛴 것 때문에 쓰러진 게 아닐까 하는 생각을 했다. 빠진 내용도 많고 누가 보기나 할지 모르겠지만 임영웅 정말 멋있는 사람이라는 거 다들 알아주셨으면 좋겠다. 생각보다 너무 많은 분이 글을 읽어주셨다. 새벽에 무슨 일이 있었던 건지. 임영웅 님의 파워는 정말 상상 이상이다. 많이 걱정해 주셔서 감사하다. 다행히 콘서트 측에서 대응이 빨라서 괜찮았던 것 같다. 다들 항상 건강 잘 챙기시고, 행복하시고, 임영웅 님도 항상 건강하시고 더 성공하시길"이라고 덧붙였습니다.

2022년 인천에서 열린 'IM HERO' 콘서트에서도 쓰러진 80대 관객을 위해 치료비를 대납했던 미담이 뒤늦게 알려졌습니다. 이 내용은 사고 당사자가 서울 상암 월드컵경기장에서 열린 FC서울과 대구FC의 K리그 임영웅 시축 행사에 참석하면서, 취재를 하러 온 유튜브(유튜브 백은영TV)에 자신의 이야기를 공개하면서 알려지게 됐습니다. 2022년 7월 인천 송도컨벤시아에서 '2022 임영웅 콘서트 'IM HERO' 인천-콘서트'가 열렸는데, 당시 공연을 관람하던 당사자는 어지러움을 호소하며 응급실로 하게 되었습니다. 이때 콘서트 관계자가 동행했고, 상황을 확인 후 진료비를 대납해 주었다고 합니다.

방송, 콘서트 관계자들도 즐거운 임영웅의 미담

2021년 연말에는 KBS에서 단독 프로그램인 'KBS 송년특집 We're HERO 임영웅'을 방송했습니다. 당시 언론 보도에는 임영웅이 억대 출연료를 거절했던 것으로 보도됐습니다. 그런데 알고 보니, 자신의 출연료를 프로그램을 제작하는 스태프들에게 나누었으면 좋겠다고 제안했다는 사실이 밝혀지며, 다시 한번 팬들에게 감동을 주었습니다. 이 이야기는 총괄 프로듀서 권재영 PD가 자신의 유튜브 채널에서 뒷이야기를 공개하면서 알려졌습니다.

권재영 PD는 "(임영웅이)프로그램을 만드는 데 고생하시는 다른 분들께 (출연료를)나눠줬으면 좋겠다. 무대를 좀더 잘 만들어주시고 무대 뒤에서 고생하는 스태프 분들께 조금이라도 나눠주고, 본인은 시청자분들에게 좋은 무대를 선보이는 것에 만족한다고 했다. 이건 가수로서 하기 힘든 일이다."라고 말하기도 했습니다. 아마도 방송인에게 이런 규모의 연말 단독 쇼는 어마어마한 개런티를 받는 대형 프로젝트일 것입니다. 하지만 임영웅은 억대의 출연료를 사양하며 무대를 만들어 줄 스태프 분들께 지급되길 바랐고, 자신의 팬들을 즐겁게 할 수 있는 무대에 투자되기를 요청했다는 말입니다. 정말 팬들이 감동할 수밖에 없는 이야기입니다.

2023년 10월, 임영웅 서울 콘서트에 스태프로 참여했던 아르바이트생이 자신의 블로그에 글을 올리면서 또 하나의 미담이 알려지게 되었습니다. 글쓴이는 일하면서 느낀 건 가수가 콘서트에 정말 신경 많이 썼다는 점과, 가수를 보러 온 팬 분들의 표정이 너무 밝아 자신도 기분이 좋아졌다는 점이라며, 일하는 시간 동안 몇 시간씩 서 있었으니까 당연히 다리는 아팠지만 마음만은 힘들지 않았다고 합니다. "가족과 함께 온 분, 친구와 함께 온 분 모두 행복해 보이셔서 나도 그 행복에 가담하고 싶어지

임영웅 덕질 보고서

는 기분! 최대한 상냥하게, 친절하게, 기억에 안 남아도 좋으니 콘서트를 보는 순간만큼은 기분이 좋으셨으면 좋겠다는 생각으로 일한 듯.”이라며 자신의 소감을 남겼습니다. 또, 영웅시대에게 감동했던 부분도 전했습니다. 글쓴이는 15분의 쉬는 시간을 얻어 페이스페인팅을 받고 싶어 해당 부스로 갔는데, 이미 20명 정도가 대기하고 있었다고 합니다. 차례를 기다리며 같이 간 일행과 함께 ‘아무래도 쉬는 시간 안에 받지 못하겠다.’라는 이야기를 나누고 있었는데, 뒤에 서 계시던 영웅시대 분께서 그 이야기를 들으시고 앞에 계시는 모든 팬 분들께 사정을 설명해 주시면서 바로 페이스페인팅을 받을 수 있도록 양해를 구해주셨다고 합니다. 그 자리에서도 거듭 감사하다는 인사를 드렸지만, 자신을 위해 순서를 양보해 주신 모든 분들께 다시 한 번 감사하다는 말씀을 드리고 싶다고 하며 “처음 콘서트 아르바이트를 해봤는데 함께 일하시는 분들 중에서도 인상 하나 쓰신 분 없었던 게 기억에 남는다. 이런 알바라면 또 해도 좋을 것 같다.”라고 덧붙여 임영웅 팬들의 마음을 훈훈하게 했습니다.

좋은 동료, 좋은 마음

　부산장애인축구협회 이사 겸 부산 뇌성마비 축구팀 코치로 있는 김동은 코치는 임영웅과 생활을 같이한 군대 동료로 알려져 있습니다. 제대 후 축구로 소통을 하며 둘 사이의 끈끈한 우정이 이어져왔다고 합니다. 2023년 11월, 임영웅은 제43회 전국장애인체육대회에 참가하는 부산 뇌병변 장애인 축구팀을 위해 방한복을 선물했습니다. 부산 뇌병변 장애인 축구팀은 임영웅의 선행에 힘입어 목포축구센터에서 열린 뇌성마비 축구 결승전에서 4대 0으로 대승을 거뒀습니다. 이러한 임영웅의 선행은 이미 이전부터 이어져 왔습니다. 2023년 8월에는 하계 트레이닝복을, 4월에는 축구화를 선물하기도 했습니다. 이런 내용은 백골부대 전우이자 친구인 김동은 코치가 임영웅 공식 팬카페 영웅시대를 통해 알렸고, 언론에도 보도되어 많은 사람들이 칭찬의 목소리를 냈습니다.

　2023년 4월에는 페이스북 커뮤니티 '육군훈련소 대신 전해드립니다'에는 임영웅의 군 복무 당시 미담도 소개

임영웅 덕질 보고서

됐습니다. 미담이 소개됐습니다. 자신을 임영웅의 후임으로 소개한 A씨는 이렇게 적었습니다.

"임영웅 병장님과는 바야흐로 2012년 뜨거운 여름. 백골부대 GOP에서 선후임 관계로 처음 만나게 되었다. 학업으로 인해 또래 친구들보다 군대를 늦게 가는 상황이었고, 입대가 늦다 보니 맞선임들의 나이가 대부분 어리거나 한참 고참들은 동갑으로 구성되어 있었다. 긴장된 공간에서 여유롭게 휘파람을 흥얼거리며, 다가오던 선임이 바로 임영웅이었다. 아직도 기억난다. 자신은 전역하고 '슈퍼스타K'에 나가 우승할 것이니 문자 투표 확실하게 하라고. 매번 밖에서 고생한다며 근무자들을 살뜰히 챙기는 모습 등 자신만의 선한 영향력을 쏟았고, 단단한 팀워크를 다지는데 큰 도움을 주었다. 소초 막내인 저에게 다가와서는 군에서는 귀하디귀한 황금마차에서 갓 사 온 먹거리와, 군 생활의 에이스로 거듭날 수 있는 꿀팁을 줬다. 주변 맞선임으로 인해 억압된 상황에서 괜히 운동하러 가자며 제시간을 만들어주던 그 친구의 호의에 다시 한 번 감사를 표한다. (임영웅은)매번 상대방 말에

귀를 기울이며 자기 일인 것처럼 공감, 조언해 주는 따뜻한 선임이자 친구였다.

이렇게 군 시절 동료의 칭찬이 전해지면서 많은 사람들이 임영웅의 인성을 다시 한 번 생각하게 되었고, 그를 더욱 신뢰하게 됐습니다.

방송에 출연했던 연예인이 임영웅의 미담을 공개해 화제가 되기도 했습니다. 배우 오지호가 진행하는 TV조선 '퍼펙트라이프'에 오지호의 절친인 한정수가 스페셜 패널로 출연해 임영웅의 미담을 공개했습니다. 배우 한정수는 임영웅의 콘서트 영상 출연 당시, 연습에 몰두한 자신과 인사를 나누기 위해 임영웅이 말없이 10분을 넘게 서서 기다렸던 일화를 전하면서 "스타병 없는 예의 바른 모습에 감동받았다."고 고백하기도 했습니다.

모두에게 좋은 사람

임영웅이 1집 앨범 작업을 위해 영국에서 촬영을 할 때, 여행을 도왔던 여행사 가이드가 자신의 SNS에 미담

임영웅 덕질 보고서

을 공개했습니다. "누구보다 따뜻했던 VIP, 그리고 그의 스태프들"이라는 문장으로 시작한 글은 "어머니로부터만 전해들은 노래 잘하는 가수였던 임영웅. 손님으로 오신다고 해서 유튜브 찾아 열심히 듣다 요즘 최애곡이 돼버린 '사랑해 진짜'. 역시 국민 가수. 요즘 임영웅 콘서트로 한창이라 그런지 자꾸 알고리즘에서 알려주는 영웅 소식에 저의 기억도 슬며시 꺼내본다. 나보다 한참 어렸지만 인생 경험 많은 어른스러운 태도, 그러면서도 개구진 소년미 넘치는 분위기 메이커, 임영웅과 그의 재미난 스태프들. 일하면서 저도 정말 즐거운 시간이었다."라고 즐거웠던 추억을 회상했습니다. 또, "우리 같은 가이드들은 손님들을 모시고 나면 리뷰로 전달되는 평가를 받는데 익숙해져 있다. 근데 그들이 런던을 떠나는 날, 가이드 8년 생활 처음으로 손님들께 꽃다발과 감사 인사가 적힌 롤링페이퍼를 받았다. 이런 기분 너무 오랜만이라 감격이라고 표현하기에 부족함이 많을 정도였다. 한국인의 정이란 게 이런 거였나. 새삼 다시 느껴지더라."라며 당시의 감동을 표현했습니다. 글 마지막에는 "모쪼록 신

3장 '사람 냄새'가 나는 임영웅

곡 발표를 위한 유럽 여행에서 휴식도 준비도 잘했기를 바란다. 저야말로 임영웅 유튜브 보면서 추억 팔이 한다. 모두가 형이라고 불러주었던 조금 특별했던 마치 나도 여행하는 듯했던 가이드 경험."이라고 덧붙이기도 했습니다.

무명 시절 미담도 뒤늦게 알려지기도 합니다. 2024년 3월, tvN <유 퀴즈 온 더 블록>에 '사랑의 밥차' 이사장이자 배우 공효진의 어머니인 김옥란 씨가 게스트로 출연해서 임영웅의 미담을 공개했습니다. 김옥란 씨는 사랑의 밥차를 후원해 주는 여러 사람들의 이름을 거론하면서 "임영웅 씨도 봉사도 하시고 노래 재능 기부도 하셨다. 역시 잘 되시더라."라며 무명 시절 임영웅의 미담을 시청자들에게 알렸습니다.

임영웅 덕질 보고서

보기만 해도
행복한 추천 영상!

KBS 송년 콘서트
비하인드

3장 '사람냄새'가 나는 임영웅

젊은할배59TV와 전화번호

지난 5년간 유튜브를 운영하고, 또 공연장을 직접 다니면서 많은 팬들을 만났습니다. 현장에서 인사하고, 함께 사진 찍고, 콘서트를 함께 하면서 정을 나눴습니다. 임영웅 팬들은 정말 정이 많습니다. 임영웅을 닮아서, 임영웅의 선한 영향력을 닮아서 콘서트 현장은 그 어느 곳 보다 배려의 마음이 가득 합니다. 그래서 더 함께하고 싶게 만드는 걸지도 모릅니다.

젊은할배는 현장에서 많은 팬들을 만났지만, 아무래도 오프라인보다는 문자나 카톡으로 만나는 분이 더 많을 것 같습니다.

저의 휴대폰 안에는 구독자님의 번호만 아마 수천 개는 넘을 겁니다. 세어보기 힘들어서 그렇지, 1만 명쯤 될지도 모릅니다. 저는 문자를 주고받은 분은 전부 저장을 해두었습니다. 기록이

젊은할배 이야기

남아있어야 다음에 연락을 주셨을 때 더 세밀하게 도움을 드릴 수 있기 때문이지요. 정말 여러 팬들이 전화기에는 입력이 되어 있습니다. 주로 지역과 닉네임을 남겨 놓는 형식입니다. 저장을 할 때, 질문의 성격을 반영해 이름을 짓는 경우가 많습니다. '서울콘꼭'은 서울콘서트에 꼭 가고 싶다는 구독자님의 부탁으로 탄생한 이름이고요. '어머니콘서트94세'는 어머니가 아흔 넷인데 콘서트에 꼭 보내 드리고 싶다는 아드님의 부탁으로 탄생한 이름입니다.

전국의 영웅시대 지역방이나 스터디방 전화번호도 따로 모아 놓습니다. "저 OO지역인데, 근처에 영웅시대 지역방이 있을까요?"라거나, "투표하는 방법 좀 알려 주세요", "스밍하려면 뭘 해야 하나요?"같은 문자가 오면 바로 연결해 주기도 합니다.

이렇게 여러 가지로 팬분들께 많은 도움을 받고 있지만, 사실 제가 더 엄청난 도움을 받고 있습니다. 제 사무실에는 TV 모니터가 없어 낮에는 방송을 볼 수가 없습니다. 또 밖으로 움직이다 보면 방송 볼 시간이 부족합니다. 하지만 저는 구독자들의 적극적인 제보로 낮에 방송된 내용까지 거의 다 알 수 있습니다. 정말 대단한 거 아닌가요?

"채널A 강력한 4팀에서 임영웅 콘서트 이야기가 한참 나왔어요."

"TV조선 사건파일24에서 임영웅 신곡발표 이야기가 나오네요."

"오구할배, 지금 MBN 뉴스파이터에 임영웅이 나와요. 얼른 보세요."

"어젯밤 △△ 방송에서 □□가수가 나와 임영웅 노래를 불렀어요."

"어제 드라마에서 임영웅 무기재가 배경음악으로 나왔어요."

"예능프로그램에서 ○○ 배우가 임영웅 이야기를 했어요. 의리가 있다고 칭찬을 많이 하네요. 너무 좋았어요."

또 있습니다. 시내버스에 임영웅 광고라도 붙었다 하면 제 전화 문자 알림이 끊이지 않습니다. 인증 사진을 찍은 뒤에 제게 보내 주는 것이 하나의 루틴이 되었기 때문입니다. 지하철

내부의 걸려있는 광고, 하나은행 본사 사옥에 걸려 있는 전광판 광고, 명동 전광판에 나오는 임영웅 생일축하 광고, 심지어 홍콩이나 뉴욕에 게시된 임영웅 광고영상도 저는 모두 확인할 수 있습니다. 이런 구독자님들의 열정이 제 채널의 콘텐츠가 되었고, 구독자님들과 함께 즐기고 있습니다. 항상 감사한 마음 뿐이지요.

젊은할배 이야기

4

웅지순례

영웅시대의 필수 여행지, 웅지순례 코스에 대해 보고합니다.

온기 뮤직비디오

종교인들이 성지를 찾아 신앙심을 고취하는 것을 '성지순례'라고 합니다. 영웅시대는 임영웅과 인연이 있는 곳을 찾아가는 것을 '웅지순례'라고 부릅니다. 한때 일본에서 한국 드라마 <겨울연가>가 인기를 끌어 한류스타로 부상한 배용준을 좋아하는 일본 팬들이 한국을 찾아왔던 것과 비슷한 것이지요. 특히, 집 앞 공원도 나오기 쉽지 않았던 코로나19 시절 이후, 여행을 떠나는 사람이 조금씩 늘어가던 시기에 임영웅이 혜성처럼 등장했기 때문에 겸사겸사 웅지순례로 여행을 떠나는 팬들이 크게 늘어났습니다.

포천 웅지순례

많은 영웅시대 분들이 찾아주시는 '웅지순례 1번지'는 임영웅의 고향인 경기도 포천입니다.

◆ 미용실 '헤어칼라'

2020년 임영웅이 TV조선 <미스터트롯>에서 우승했을 때, 그의 어머니가 홀로 아들을 키우며 운영해 왔다는 미용실에 팬들이 응원 메모와 꽃다발을 남긴 게 시초가 됐습니다. 현재는 다른 분이 운영하고 계시지만, 임영웅이 미스터트롯 진이 된 이후 금의환향한 모습과 어머니의 미용실을 떠올리고 여전히 찾아주시는 분들이 많습니다.

◆ 포천 아트밸리

포천 아트밸리는 2020년 9월에 방영한 TV조선 <뽕숭아학당>에서 트롯맨 F4(임영웅, 영탁, 이찬원, 장민호)가 청량한 가을 하늘 아래에서 손풀기로 그림 심리 테스트를 했던 곳입니다. 팬들은 방송 당시 임영웅이 스케치북을 진지하게 살피면서 친구 얼굴을 그리는 모습을 떠올리곤 합니다. 인공으로 만들어진 아트밸리 내 천주호 앞에서 기념사진을 찍기도 하고, 주변을 산책하기도 합니다.

◆ 산정호수

2020년 11월에 방영한 <뽕숭아학당>에서 트롯맨 F4가 경기도 포천 산정호수로 심야 캠핑을 떠나는 장면을 방영했습니다. '힐링뽕캠핑'이란 이름으로 가을의 정취를 물씬 느끼며 첫 캠핑에 도전하는 모습을 담았는데, 그 배경이 무척 아름다워 꼭 한번 들러보시길 추천 드립니다. 또, 현재 산정호수 앞에는 방송에 출연했던 트롯맨 F4와 '뽕선생' 붐의 사진으로 만든 포토존이 준비되어 있어 영웅시대라면 그냥 지나칠 수 없는 웅지순례 코스입니다

◆ 음식점 '8요일 키친'

포천에 있는 8요일 키친은 경양식 레스토랑인데, 임영웅이 가수가 되기 전 아르바이트를 했던 곳입니다. 왕돈까스로 유명한 이곳은 임영웅이 일하기 전부터 포천에서도 알아주는 맛집이었다고 합니다. 그래서 영웅시대 분들께는 포천 여행 코스 중 빼놓지 않고 들리는 명소가 됐습니다. 임영웅은 가수가 된 이후로 이곳을 찾아 사장님께 감사 인사를 전하러 다시 찾은 적도 있습니다. 두 분의 사장님께서는 "일할 때도 항상 성실하고 착한 친구였는데 이렇게 찾아와 줘서 고맙다."고 말하기도 했습니

다. 임영웅이 무명 시절이었을 때, 딸의 결혼식에 축가를 불러줬다며 고마움을 나타냈습니다.

• 카페 '웅이나무'

8요일 키친 근처에 있는 웅이나무 카페는 팬들이 들리는 곳입니다. 영웅시대 분들이 모여 오픈한 곳으로, 포천으로 웅지순례 오는 팬들의 쉼터 역할을 하는 곳입니다. 카페 BGM으로 임영웅의 노래가 흘러나오고, 임영웅의 사진과 굿즈로 꾸며진 카페 내부를 구경하며 힐링할 수 있는 공간이니, 같이 가신 분들과 오붓한 티타임을 나누기에 좋을 곳입니다.

마포 웅지순례

서울 합정동 일대도 임영웅 고향 포천만큼 뜨거운 곳입니다. 마포구는 임영웅이 가수가 되기 위해 포천에서 상경해 자리를 잡은 곳입니다. 서울살이의 첫 시작점이다 보니 임영웅에게도 의미가 있는 곳으로 생각하는 것 같습니다. 임영웅의 현재 거처나 소속사 물고기뮤직이

임영웅 덕질 보고서

있는 곳도 마포이기 때문에, 임영웅이 찾는 맛집 또한 합정, 홍대, 상수, 망원 인근이라고 볼 수 있겠습니다.

◆ 음식점 '코리아식당'

언제나 하늘색 옷차림의 팬들로 북적이는 곳입니다. 최근에도 임영웅이 찾을 정도로 대표 단골 식당이기도 합니다. 임영웅은 미스터트롯 진이 되고 난 뒤 첫 방송 출연으로 MBC <라디오스타>에 출연을 했습니다. 임영웅, 영탁, 이찬원, 장민호가 출연한, <오늘은 미스터트롯> 특집으로 꾸며진 이날 방송에서 임영웅은 돈이 없어서 병원도 못 갔던 사연을 털어놓았는데, 당시 도움을 줬던 고마운 인연이 바로 코리아식당이었던 것입니다. 약을 살 돈도 없었을 정도로 힘들었던 무명 시절, 사고로 다쳤지만 돈이 없어 병원도 못 갔던 때에 이런 그를 정성스레 치료해 준 사람이 바로 코리아식당의 사장님이라고 밝혔습니다. 영웅시대는 코리아식당의 사장님을 '임영웅의 서울 엄마'라는 별명을 붙여서 부르기도 합니다.

◆ 음식점 '우리식당'

　상수역 뒤편 합정동 골목에는 이름부터 정겨운 우리식당이 있습니다. 이곳도 임영웅 팬들에게는 자주 찾는 웅지순례 코스입니다. 요란한 간판이나 실내 인테리어는 화려하지 않지만, 임영웅의 단골 식당이었습니다. 임영웅은 스타가 된 뒤에도 이 식당을 꾸준히 찾으며 인연을 이어가고 있는 것으로 알려지고 있습니다.

◆ 합정역 7번 출구

　임영웅이 무명 시절 군고구마를 팔던 곳입니다. 임영웅은 2017년 쯤 군고구마 장사꾼으로서 생계를 유지해왔다는 사실로 화제를 모은 바 있습니다. 합정역 7번 출구가 유동 인구가 많아 연통을 놓고 고구마를 구워서 팔았다며, 당시 주위에 오징어구이, 떡볶이, 타코야키를 파는 분들도 있었는데 군고구마 매출이 가장 좋았다며 자랑을 하기도 했습니다. 하지만 맛없는 고구마를 팔기에는 양심에 찔려서, 제일 좋은 고구마를 가져다 파는 바람에 마진이 나지 않았다고 합니다. 결국 돈벌이는 안 됐지만, 사람

임영웅 덕질 보고서

들이 많이 와서 맛있는 고구마를 먹기를 바라는 마음이 엿보여 많은 영웅시대가 감동했습니다. 그 갸륵함을 떠올리며 합정역 7번 출구에 가는 분들이 많습니다.

마량 웅지순례

전남 강진에 있는 마량도 임영웅 팬들에게는 빼놓을 수 없는 웅지순례 코스 중 한 곳입니다. 임영웅이 2021년 8월 TV조선 <사랑의 콜센타>에서 부른 '마량에 가고 싶다' 무대가 시발점이 됐습니다. 이 노래의 원곡자이자 전남 광주 지역에서 노래강사로 활동하고 있는 김현진은 임영웅의 무명 시절 때부터 인연이 있는 것으로 알려져 있습니다. 특히 임영웅은 <사랑의 콜센타>에서 노래를 선곡할 때 무명 시절 자신에게 도움을 주었던 전국 노래강사들의 노래를 적극적으로 선곡해 부르는 경향을 보였는데, 그중에 팬들로부터 사랑을 많이 받은 곡이 바로 이 곡이었습니다. 임영웅은 정통 트로트인 '마량에 가고 싶다'를 빼어난 가창력과 흡입력 높은 퍼포먼스로 선보여 시청자들의 눈과 귀를 사로잡았습니다. 이날 임영

4장 웅지순례

웅은 100점을 받으며 또 한 번 '어머님 원픽'의 면모를 보였고, 다음 날 네이버TV TOP100 1위에 오르기도 했습니다.

'마량에 가고 싶다' 원곡자 가수 겸 노래강사 김현진은 "<사랑의 콜센타>에서 임영웅 군이 제 노래를 열심히 부르는 모습을 흐뭇하게 행복하게 바라봤다. 100점까지 맞아줘서 더 행복했다."라고 말하며 임영웅과 영웅시대에게 감사 인사를 전했습니다.

◆ 마량항

마량항은 광주에서 강진을 지나 우리나라 서남부 최남단에 위치해 있는 항구입니다. 마량은 한자어대로 '말 건네주는 다리'(馬良)라는 뜻이라고 합니다.

2022년 1월, KBS 2TV에서 방영했던 <팬심자랑대회 주접이 풍년> 프로그램은 스타의 '덕질 생활'을 하는 팬들을 중심으로 만들어진 프로그램입니다. 이 방송에서 임영웅의 팬들이 마량항을 찾아 웅지순례 코스가 되었

임영웅 덕질 보고서

습니다. 마량에 도착한 한 팬은 "죽도록 사랑해"라고 말하며 애정을 표현하기도 해 웃음을 자아냈습니다.

이후, 영웅시대의 방문으로 관광객이 몰리자 마량항이 위치한 강진군에서는 마량항 개발을 적극적으로 검토하고 있습니다. 한 언론 인터뷰에서 남해안 해양관광레저의 거점으로 대전환하는 계기를 만들 것이라며 포부를 밝혔습니다. 이것 또한 영웅시대가 움직여 일어난 일이라고 할 수 있겠습니다.

광고주 본사 웅지순례

임영웅을 광고 모델로 쓴 회사를 직접 방문하는 것도 웅지순례 코스가 되었습니다.

◆ TS샴푸

서울 영등포구 양평로(서울 지하철 9호선 선유도역 4번 출구)에 있는 TS샴푸는 본사 1층과 2층 커피숍을 임영웅 사진으로 꾸며 팬들의 마음을 얻고 있습니다. 1층 매장에서는 영웅시대가 방문하면 할인 서비스까지 진행하고 있습니다. 그러다 보니, 많은 팬들이 삼삼오오 모여 TS샴푸 본사를 방문하게 되었고, 웅지순례 코스로 자리 잡게 되었습니다.

◆ 하나은행

서울 지하철 을지로입구역 1번 출구 앞, 하나은행 본점 대형 빌딩 외벽에 임영웅의 사진이 걸려 있다는 것은 팬들에게는 엄청난 기쁨으로 여겨지고 있습니다. 처음에는 임영웅의 얼굴이 담긴 대형 현수막만 내걸었지만, 지금은 옥외 광고판에서 임영웅을 볼 수 있습니다. 팬뿐만 아니라 일반인들에게도 노출되는 옥외 광고는 팬들로서는 은근한 자부심을 갖게 합니다. 내가 좋아하는 가수가 이렇게 많은 사람들에게 노출이 되고, 인정받고 있구나. 라는 생각에 마음이 설레기도 합니다. 본점에서 을지로입구역 지하철 입구로 내려가는 길도 임영웅의 광고 사진으로 가득합니다. 그러다 보니 하나은행 본점으로 가는 길 자체가 기념사진 촬영장소가 되고 있습니다. 특히, 광고의 문구를 수없이 들어왔던 임영웅의 미스터트롯 진 특전곡인 '이제 나만 믿어요'의 가사를 사용해 영웅시대의 찬사를 받고 있어 웅지순례 코스로 자리 잡았습니다.

◆ 제주삼다수

제주도에 있는 제주삼다수도 '신상 웅지순례 코스'가 되었습니다. 관광객들이 구경하기 좋게 잘 준비되어 있어서, 최근 대구의 임영웅 팬 30여 명이 제주도 여행 중 이곳을 방문했다고 합니다.

◆ 정관장

가장 최근 임영웅을 광고 모델로 발탁한 정관장도 팬들에게는 꼭 들러볼 순례코스가 됐습니다. 임영웅의 등신대와 대형 사진이 걸려있는 전국 각지의 정관장 매장은 팬들로 북적입니다. 미담에서 설명했다시피 영웅시대는 임영웅과 이 브랜드에 고마움을 느끼고 있기 때문에, 감사한 마음을 가지고 방문하고 있습니다.

임영웅을 위한 영웅시대의 선물

웅지순례 코스 중, 영웅시대가 모여 직접 조성한 곳도 있습니다.

• 임영웅 벤치

영웅시대에 의해 가장 먼저 만들어진 곳이 임영웅 벤치입니다. 서울 종로구 흥인지문공원 1번 출구 근처에 만들어진 '임영웅 벤치'는 팬들이 자발적으로 만든 최초의 상징적 장소입니다.

임영웅의 팬클럽 '영웅시대 위드히어로'는 임영웅의 생일을 앞두고 2021년 6월 초에 서울시 종로구 흥인지문공원에 벤치 5대와 배롱나무 2그루를 기부했습니다. 서울 도심 속에 조성된 이 벤치는 일반 시민들에게는 쉬는 의자로 제공되지만, 임영웅 팬들에게는 또 하나의 상징물로 자리 잡아 웅지순례 코스에 포함되었습니다.

• 별빛정원

2021년 8월, 서울 성동구 서울숲에 '별빛정원'이 조성

임영웅 덕질 보고서

되었습니다. 임영웅 벤치를 기획하고 만들었던 '영웅시대 위드히어로'의 후원금으로 서울숲 중앙호수 주변에 별빛정원이란 이름을 붙였습니다. 별빛정원은 500㎡ 규모의 나대지에 호수를 관망할 수 있는 산책로와 벤치 2개를 마련했습니다. 특히, 누워서 별을 볼 수 있도록 벤치 형태를 가로로 만들어 놓은 게 특징입니다. 서울시는 별빛정원 조성을 계기로 호수 내 분수를 정비하고 주변으로는 다양한 나무와 꽃나무를 심어 시민들이 찾아오고 싶은 새로운 전망 공간으로 가꿨습니다.

최윤종 서울시 푸른도시국장은 당시 언론과의 인터뷰에서 "서울숲의 나대지 공간이 식물이 가득한 정원으로 바뀌면 더욱 쾌적해지고 시민들에게 다양한 볼거리를 제공해 줄 것."이라며 "앞으로도 친환경 서울을 만들고 시민들에게 편안한 휴식 공간을 제공하기 위해 지속적으로 노력할 계획."이라고 말했습니다. 날이 좋은 날, 편안히 걸으며 휴식할 수 있는 공간이니 나들이 장소로도 좋습니다.

◆ 히어로 가든

서울대공원의 '히어로(Hero) 가든'은 지난 2022년 4월에 조성되었으며 영웅시대 위드히어로가 자발적으로 기금을 모았고, 신세계건설이 시공을 맡았으며 공연기획 전문회사 스프링콘서트가 정원 조성 기획에 참여해 완성도를 높였습니다. 관공서와 기업, 팬클럽이 뜻을 모아 하나의 공간을 조성한 것입니다. 규모가 굉장한 만큼, 히어로 가든 오픈식 때는 전국에 있는 임영웅 팬 3천여 명이 모여 자축하면서 서로 기쁨과 자부심을 만끽했습니다.

히어로 가든은 서울대공원 종합안내소 앞으로 1450㎡ 규모로 조성됐습니다. 팬클럽의 공식 색상인 하늘색을 감상할 수 있는 '스카이블루 가든', 하늘색 수국으로 꾸려진 '수국 산책로'와 '솜사탕 코끼리'와 같은 조형물과 어우러져 더욱 눈길을 끌고 있습니다. 목수국과 네모필라, 수크령, 백리향 등 다양한 꽃 40여 종을 혼합해 심어 계절에 따라 변하는 정원의 모습을 감상할 수 있도록 했습니다. 또, 임영웅 이름의 모음을 따서 만든 '임영웅 로드(Road)'도 빼놓을 수 없습니다. 임영웅의 시그니처 인사말 '건강하고 행복하세요.'의 줄임말인 '건행'을 형상화한 조형물도 있어 인증 샷을 놓칠 수 없는 곳이 되었습니다. 서울대공원 이수연 원장은 언론과 인터뷰에서 "서울대공원과 기업, 시민의 자발적인 참여로 히어로 가든이 조성됐다."며 "앞으로 더 많은 시민이 이 정원을 함께 즐기고 누릴 수 있다는 데에 더 의미가 있다."라고 말했습니다.

10년은 알고 지낸 것 같은 영웅시대

5년간 임영웅 팬튜브를 가꾸면서, 가장 많았던 구독자 분들의 질문 중, 웅지순례에 관련된 질문과 에피소드가 굉장히 많습니다. 저는 워낙 구독자 분들과 가깝게 지내기 때문에 웅지순례를 갈 때면 늘 제게 연락을 주시는 분도 계시고, 궁금한 것들을 묻기도 하십니다.

"젊은할배, 포천을 가보려고 하는데, 어떻게 가나요.", "영웅이가 알바 했던 식당 전화번호 좀 알려 줘요.", "임영웅 찐팬이 운영한다는 이동 갈빗집 전화번호 좀 주세요."

위와 같이 궁금한 정보를 얻기 위해 문자를 보내시는 분이 있는가 하면, "마량 웅지순례를 하고 싶은데, 저 혼자 가기는 그렇고, 같이 갈 사람을 구해 줘요."

웅지순례를 함께할 팀원들을 찾기 위해 문자를 보내주시는 분도 계십니다.

위의 질문은 강릉에 사는 팬 분께서 보내신 문자 내용입니다. 마량 웅지순례 여행길에 함께할 팬 분들을 찾고 계셨습니다. 저는 이 문자를 받은 뒤에 유튜브 방송을 만들었습니다.

"강릉에 계시는 팬이 마량을 웅지순례하고 싶은데, 같이 가실 분 세 분을 구한다고 합니다. 함께 가실 분은 저한테 문자 주세요."

사실은 별로 기대하지 않았습니다. 여행은 편안한 사람들이랑 가는 게 훨씬 더 즐겁고 재밌을 테니까요. 하지만 제 예상은 보기 좋게 빗나갔습니다. 무려 8명의 팬 분

임영웅 덕질 보고서

들이 함께 떠나고 싶다며 연락을 주셨기 때문입니다. 강릉에서 두 분, 서울에서 세 분, 수원에서 한 분, 대전에서도 한 분, 전북 익산에서 한 분. 전국 곳곳에서 문자가 도착했습니다. 저는 기쁜 마음으로 서로에게 연락처를 전달했고, 제 유튜브가 팬 분들께 이런 식으로도 도움을 줄 수 있구나, 라는 생각을 하게 되었습니다.

이분들의 여정은 80대 어르신도 함께하여 총 4명이 떠나게 되었다며 연락을 주셨습니다. 여행을 출발할 때, 휴게소에 들를 때, 다시 돌아갈 때 등 장소를 옮길 때 마다 제게 인증 사진을 보내주셨습니다.

여행 출발하기에 앞서 세 명을 확정했다고 연락이 왔습니다. 80대 어르신 팬도 포함됐습니다. 차량의 동선 상, 강릉 두 분하고 서울 한 분이 참여하시기로 했다는 겁니다. 또, 저와 음악 합동 라이브 방송을 함께 진행하고 있는 한명환TV 채널에서 이 분들과 통화를 하는 기회를 갖게 되었습니다. 이 분들은 라이브 방송에서 서로가 만나게 된 계기부터, 마량에서 뭘 했는지, 밤새 어떤 이야기를 나눴는지 등, 너무 즐거운 시간이셨구나, 라는 생각이 들만큼 행복한 소식들을 전해주었습니다.

정말이지, 이런 경우가 어디 있을까요? 생전 처음 만난 분들끼리 여행을 가고, 한 방에서 잠을 자고, 행복한 기억을 안고 집으로 돌아가는 기분 좋은 여행. 사실 가까운 친구와 여행을 가려고 해도 스케줄 맞추랴, 여행 장소 정하랴, 넘어야 할 허들이 정말 많습니다. '임영웅'이라는 공통의 관심사를 두고 모두가 한마음이 되는 영웅시대 팬들이 아니라면 아마 쉽지 않았을 겁니다. 처음 만나도 10년은 알고 지낸 사람 같다는 팬들의 이야기를 이제야 이해할 수 있을 것 같습니다. 이것이 영웅시대이고, 또 웅지순례에서 종종 벌어지는 일입니다. 임영웅의 팬이 되고, 임영웅의 팬튜브를 만들어 활동했기 때문에 이분들을 연결해 줄 수 있었던 것 같습니다. 제 전화번호를 공개하는 건 참 쉽지 않았지만, 그랬기 때문에 팬 분들께 도움이 되고, 저 또한 보람을 느낄 수 있어 두고두고 오래 기억에 남을 에피소드였던 것 같습니다.

보기만 해도
행복한 추천 영상!

마량에 가고 싶다 커버

웅지순례
PHOTO

모든 웅지순례 코스의 사진을 준비하지는 못했습니다만,
직접 웅지순례를 하실 때 도움이 되셨으면 합니다.
예쁜 풍경사진 보시면서 쉬었다 가시면 되겠습니다.

영웅시대 '위드 히어로'가 2021년 6월 임영웅의 생일을 기념해 **서울 종로구 흥인지문 공원에 기부한 벤치입니다.** 벤치 5대와 2주의 배롱나무를 기부하였으며, 점점 벤치의 개수가 늘어나 지금은 총 9대의 벤치가 준비되었고 시민들이 앉아서 쉴 수 있는 공간이 되었습니다.

웅지순례 PHOTO

영웅시대 '위드 히어로'가 2021년 **서울숲 중앙호수 주변에 조성한 '별빛 정원'**입니다. 500석 규모의 나대지에 호수를 관망할 수 있는 산책로와 벤치를 조성하고 멈춰 있는 분수를 가동하면서 시민들과 함께 팬들이 찾아와 쉬는 곳이 되었습니다. 이곳은 특히 눕는 형태의 의자가 눈에 띄는데요. 잠깐이나마 마음 편히 누워서 하늘을 바라보면서 힐링의 시간을 가질 수 있지요.

임영웅 덕질 보고서

영웅시대 '위드 히어로'가 기금을 모아 **서울대공원에 조성한 '히어로 가든'**입니다. 1,450m²의 규모로 임영웅 팬클럽의 공식 색상인 하늘색을 활용한 '스카이 블루 가든'과 하늘색 수국을 감상할 수 있는 '수국 산책로' 등이 있어 산책하기 좋습니다. 예쁜 하늘색 벤치에 앉아 히어로 가든을 구경해 보세요. 임영웅의 시그니처 인사인 '건행'을 표현한 조형물도 있습니다. 팬들의 베스트 인증샷 장소이기도 합니다.

웅지순례 PHOTO

포천 아트밸리는 과거 화강암을 채석하던 폐 채석장을 문화공간으로 리뉴얼한 곳입니다. 포천은 임영웅의 고향으로, 영웅시대에겐 뜻 깊은 지역입니다. 게다가 이 곳의 '천주호'는 <뽕숭아학당>에서 트롯맨 F4(임영웅, 영탁, 이찬원, 장민호)와 함께 사생대회를 열었던 곳으로, 웅지순례 코스로 많이들 찾으십니다. 폐 채석장에 물이 고이면서 아름다운 호수가 조성되어 아트밸리 내 최고 명소가 됐습니다.

임영웅 덕질 보고서

임영웅이 2021년 8월 <사랑의 콜센터>에서 불러 히트가 된 '마량에 가고 싶다' 노래의 **마량항 현지**입니다. 사진은 노래 가사에 나오는 고금대교와 까막섬입니다.

웅지순례 PHOTO

5

영웅시대도 다 아는 '스타' 영시님들

영웅시대 분들 중에서도
'스타'인 분들에 대해 보고합니다.

보기만 해도
행복한 추천 영상!

'스페이스 코너'에서 만난
호박고구마

〈사랑의 콜센타〉에서 만난 영웅시대

임영웅 팬 가운데 많은 분들이 TV조선 〈사랑의 콜센타〉에서 마법의 성을 신청한 '제주도 바다사슴' 님을 기억할 것입니다. 방송이 있던 그날, 시청자들도, 임영웅도, 스튜디오도 다 함께 눈물을 흘렸던 날입니다.

2020년 5월 14일 밤, 〈사랑의 콜센타〉 5월 가정의 달을 맞아 '효 충만 하이 클래스 무대' 특집으로 진행되어, 전국 각지의 시청자들에게 사연과 신청곡을 받아 무대를 꾸몄습니다. 한국뿐만 아니라 저 먼 인도네시아에서도 신청 전화는 줄을 이었습니다. 즐거운 분위기 속에서 신청곡들을 부르던 임영웅, 영탁, 이찬원, 정동원, 김호중, 장민호, 김희재 등 TOP7은 제주도에서 걸려온 전화를 듣고 숙연해졌습니다.

신청자 '바다사슴' 님은 3년 전, 암에 걸린 아들을 먼저 하늘나라로 떠나 보낸 사연을 전했습니다. 그는 먼저 보낸 아들과 똑같이 닮은 임영웅 덕분에 힘든 시간을 이겨냈다고 하며, 아들과 닮은 임영웅에게 아들이 좋아했다는 '마법의 성'을 신청했습니다. "웅아."라고 아들처럼 부르는 그 떨리는 목소리에 시청자들은 눈물이 쏟아졌고, 임영웅 역시 눈물을 참고 감사한 마음으로 인사를 했습니다. 바다사슴 님은 하늘에 있는 아들에게 영상 편지를 전해달라는 MC의 요청에 "아들, 다음에 만나자. 사랑해"라고 말을 건넸습니다. 아들을 향한 어머니의 애끓는 마음에 스튜디오 안의 모두가 눈물을 흘렸고, 임영웅은 눈물을 꾹꾹 눌러 참으며 "엄마 사랑해요."라며 답해 줬습니다. 바다사슴은 눈물을 쏟으며 "너무 감사하다."라며 인사했습니다.

임영웅은 '마법의 성'을 부르기 시작했습니다. 노래를 시작했지만, 쏟아지는 눈물 때문에 공연이 잠시 중단했습니다. 임영웅은 다시 노래를 시작했고, 눈물을 참으며 부르는 모습에 보는 사람들은 눈물이 또 터졌습니다. 노래를 마친 임영웅은 "언젠가 저를 만나면 오늘의 일을 말씀해 달라. 제가 아들이 되어 드리겠다."라고 말했고 바다사슴 님은 "위로해 주서서 감사합니다."라고 진심을 전했습니다.

임영웅 덕질 보고서

자식을 잃은 어머니의 사연은 모두의 마음을 아프게 했습니다. 너무나 아팠을 신청자에게 노래로 안아주고, 위로해준 임영웅과, 눈물 쏟은 시청자의 위로가 그대로 전해진 무대였습니다.

모두가 기억하는 방송인 만큼, 제게 가끔 바다사슴 님의 소식을 묻는 연락이 오기도 합니다. 저도 너무나 궁금한 탓에 제주도에 계시는 영웅시대 분들께 연락해 수소문 해 보았지만, 아쉽게도 찾을 방도가 없었습니다. 현재 임영웅 유튜브 채널에 올라가 있는 '마법의 성' 무대 영상은 430만 조회 수를 돌파했고, 8,900여 개의 댓글이 달릴 정도로 수많은 팬들에게 감동을 주고 있습니다.

<사랑의 콜센타>에서 소개된 '예은 양'도 팬들의 많은 사랑을 받은 '꼬마영시' 중 한 명입니다. 예은 양과의 만남은 2020년 11월 19일, TV조선 <사랑의 콜센타>에서 편지로 사연을 받아 신청곡을 부르는 코너에서 이루어졌습니다.

당시 7세였던 조예은 양은 뇌병변 장애로 인해 3살 때

5장 영웅시대도 다 아는 '스타' 영시님들

부터 재활 훈련 및 입원 치료를 받고 있는 상황이었습니다. 예은 양은 임영웅을 위해 직접 그린 그림과 함께 "병원에서 지내고 있다. 임영웅 오빠 노래 듣고 병원을 탈출하고 싶다."라는 편지를 전했고, "예은이가 잘 걸을 수 있도록 꼭 전화 달라."는 보호자 님의 사연이 도착했습니다. 이에 임영웅은 전화를 걸어 "조금만 더 연습하면 친구들과 뛰어놀 수 있겠다. 앞으로 좋은 노래 많이 해주겠다."고 위로의 말을 전하며, 예은 양을 위한 '바램'을 불러주었습니다. 이날 방송이 나간 뒤, 영웅시대는 예은 양에게 소정의 후원금과 선물을 전달하며 팬들의 따뜻한 마음을 전했습니다.

임영웅과 예은 양의 인연은 여기에서 그치지 않았습니다. <사랑의 콜센타> 방송 1주년을 기념해 시청자들을 직접 방문하는 <찾아가는 사랑의 콜센타> 프로그램에서 예은 양의 집으로 찾아 가게 되었습니다. 퇴원 후 초등학교에 다니게 된 딸 예은이에게 힘을 주고 싶다는 예은이 엄마의 사연 때문이었습니다. 임영웅은 곰 인형 탈을 쓰

임영웅 덕질 보고서

고 놀이선생님으로 변장해, 미리 작성해둔 감동의 스케치북을 한 장 한 장 넘기며 영화 <러브 액츄얼리> 속 장면을 재연했습니다. 이후 임영웅은 인형 탈을 벗고, 임영웅의 깜짝 등장에 예은이는 크게 놀라며 기쁨을 감추지 못했습니다. 또한 임영웅은 예은이 앞에서 '이제 나만 믿어요'를 부르며 준비한 핑크색 가방과 직접 커스텀한 신발을 선물로 전달했습니다. 이 선물은 특별히 임영웅이 예은 양을 위해 직접 고민하며 골랐던 선물입니다. 마지막으로 임영웅은 예은이가 넓은 세상을 훨훨 날 수 있기를 바라는 마음으로 '마법의 성'을 불러 큰 감동을 선사했습니다. 예은 양은 무럭무럭 성장해 지금도 콘서트에 나타나 팬들과 교류를 이어가고 있습니다.

임영웅을 사랑하는 배우들

배우 김영옥이 임영웅의 찐 팬이라는 것은 영웅시대라면 누구나 알고 있습니다.

김영옥은 임영웅이 미스터트롯에서 진에 당선 된 뒤, 포천에서 임영웅의 어머니가 운영하는 미장원에 다녀갔을 정도로 '원조 덕후'입니다. 또, 여느 방송에 출연할 때마다 변함없이 임영웅 이야기를 꺼내고, 방송 MC들 조차도 그 내용을 질문할 만큼 임영웅의 팬이라는 사실이 널리 알려져 있으며, 임영웅의 노래에 위로를 받았고, 인성이 남다르다는 이야기를 많이 해 영웅시대의 큰 공감을 받고 있습니다.

김영옥 배우의 찐 팬 이야기는 2020년 8월 방송된 <인생다큐 마이웨이>에서 처음 알려졌습니다. 이 프로그램에서 김영옥은 방송인 김혜영과 탤런트 노주현과 만나 이야기를 나누는데, 이야기의 내용이 자꾸만 임영웅의 이야기로 흘러가는 것을 보면 마음 속으로 다들 '나와 같구나'라고 공감을 하실 것 같습니다. 노주현 역시 임영웅을 칭찬하자 김영옥은 미소를 감추지 못하며 "정말 다 매력 있다."며 임영웅을 향한 애정을 드러냈습니다.

김영옥은 제작진과의 인터뷰에서 "임영웅이 트로트 우열을 가릴 때 꼭 1등을 했으면 좋겠다고 할 정도로 꽂혀

임영웅 덕질 보고서

있었다. 임영웅을 보면 너무 희열이 넘쳐서 나에게 젊은 힘(누굴 좋아하는)이 있다고 느낀다.”라며 임영웅에 대한 진심을 전했습니다.

제작진이 김영옥에게 임영웅을 만나러 간다고 하자, 임영웅에게 선물을 준비하기 위해 설레는 마음으로 쇼핑몰로 향했습니다. 김영옥은 “보통 멋쟁이가 아니라 잘 맞는다. 아무거나 입어도 패셔니스타다. 그러니까 더 어렵다. 특이한 걸 사다 주고 싶다.”라고 팬심을 그대로 드러냈습니다. 그는 신중의 신중을 기해 임영웅에게 줄 옷을 구매했고, 자신도 샵을 방문해 메이크업을 하는 등 만반의 준비를 하며 임영웅을 만날 채비를 했습니다.

드디어 김영옥은 김혜영이 함께 <신청곡을 불러드립니다-사랑의 콜센타> 녹화장에서 임영웅과 만났습니다. 김영옥은 꽃다발을 든 임영웅과 대면했는데, “무슨 꽃을 줘. 이걸 내가 받으면 어쩌나. 눈물이 나네 그려. 말이 안 나와.”라며 어쩔 줄을 몰라 했습니다. 김영옥은 임영웅에게 그의 고향 투어를 했다고 전했습니다. 그리고, 임영웅의 어머니에게 줄 선물이 담긴 종이 가방을 건네며, "인성이 특별해, 엄마를 주고 싶어서 하나 샀다."라고 전했습니다. 또 임영웅에게도 준비한 선물을 건넸습니다. 임영웅은 바로 선물을 풀어보았고 "흰색을 좋아한다. 녹화 때 입으면 될 것 같다."라며 미소를 지었습니다. 임영웅이 좋아하자 김영옥은 그 자리에서 눈물을 흘리며 팬심을 드러냈습니다. 김영옥은 방송에서 "(임영웅의)노래 자체가 폐부를 찌른다. 다 그 노래에 우리 사연이 있기 때문에 그런 것 같다. '바램'은 꼭 내 이야기 같았다. '어느 60대 노부부 이야기'는 우리 애기다. 매료되게 되어 있다. 진짜 좋았다."라고 말하며 임영웅에게 자신의 소감을 전달했습니다.

또, "라면 그런거 많이 먹지 마."라며 그의 건강까지 챙겼습니다. 이에 임영웅은 웃음을 터트렸고, 임영웅 역시 "크게 아프신 데는 없으시죠? '건행' 이 애기보다 더 좋은 이야기는 없는 것 같아요."라며 덧붙였습니다. 김영옥은 "우리에게 그보다 더 좋은 덕담은 없다."라고 동의했고, 임영웅은 "항상 건강하고 행복하시길 바란다."라며 대답했습니다.

김영옥은 임영웅과 포옹한 것에 대해 "무아지경이었다. 많은 사람들이 원하는 걸 대리만족 시켰다고 보면 된다. 연기자로 오랜 생활을 했어도. 팬심이 이런 거라는 걸 보여주는 계기가 됐다. (팬이 된다는 게)별 사람이 따로 있는 게 아니다. 지구에 있는 한 뛰어난 가수를 내가 이렇게 보고 왔다는 것이다."라며 기쁜 마음을 드러냈습니다.

<인생다큐 마이웨이>를 통해 김영옥은 임영웅을 향한 찐 사랑을 보여줬습니다. 나이는 숫자에 불과할 뿐이고, 아티스트를 향한 마음만 있으면 팬이 된다는 것과 그 모습을 보고 영웅시대는 많은 공감을 했습니다. 모두가 같은 마음으로 임영웅을 사랑하기 때문입니다. 김영옥은 그 이후로 한결같이 임영웅의 팬으로서 임영웅의 인성을 자랑하고, 팬심을 드러내고 있습니다.

배우 나문희는 임영웅 콘서트에 나타나 임영웅 팬이라는 것이 알려지게 되었습니다. 클래식을 즐기던 나문희가 임영웅의 노래를 좋아하게 되고 콘서트까지 찾게 된 것은 자신이 힘들 때 위로를 받은 노래가 임영웅의 노

래였기 때문이라고 합니다. 2023년 1월 21일 경기도 고양에서 열린 임영웅의 콘서트에 나문희와 김영옥 배우가 함께 공연을 보러가기 위해 방문했습니다. 임영웅이 OST를 부른 영화 <소풍>의 제작진들이 티켓을 구해주었다고 합니다. 콘서트가 진행되던 중, 임영웅이 직접 팬들의 사연을 읽어주는 '스페이스'라는 코너에서 일산에 사는 '호박고구마' 님의 사연이 소개됐습니다. 호박고구마는 나문희가 출연했던 <지붕뚫고 하이킥>이라는 인기 드라마의 대사에 나왔던 단어입니다. 나문희가 콘서트 입장하기 직전, 자신을 '일산에 사는 호박고구마'라 소개하며 2023년 12월에 세상을 떠난 남편에 대한 그리움을 담은 사연을 보냈던 것입니다. 나문희는 언론사들과의 합동인터뷰에서 당시 상황을 이렇게 이야기를 했습니다. "나도 콘서트를 보고 싶어서 편지를 썼다. 또 우리 <소풍>에 OST까지 선사해 주니 감사한 마음도 컸다. 원래 콘서트를 가고 싶었는데 표가 비싸서 못 갔었다. 그런데 내 사연이 채택됐더라. 콘서트에서 아버지에 대한 음악, 또 '어느 60대 노부부 이야기' 등을 불러줬다. 정말 너무 잘 불렀다.”라고 말했습니다. 당시 콘서트에 동행했던 김영옥은 “나문희가 사연 쓴 것도 몰랐다가 거기서 알고 깜짝 놀랐다. 본인도 채택될지 몰랐다고 하더라.”고 밝혔습니다. 며칠 뒤, JTBC <뉴스룸>에 출연한 나문희는 임영웅의 콘서트를 방문한 이야기를 전하며 “‘일산 호박고구마’라는 이름으로 낸 사연이 채택됐다. 그날 임영웅 씨가 내 사연을 읽어줘 엉엉 울다가 왔다. 임영웅 씨 공연을 열심히 찾아가야겠다는 마음이 들었다.”라고 말하며 사연 채택의 기쁨을 알렸습니다.

영웅시대를 감동하게 한 팬

임영웅이 <미스터트롯> 진이 된 이듬해, SBS <순간포착! 세상에 이런 일이>에 ‘찐 팬 할머니’가 출연했습니다. 이 분은 강원도 정선에 사는 아리아리 님(본명 홍경옥)이신데, 영웅시대에서도 널리 알려져 있는 분 중 한 명입니다. 제작진, 그리고 영웅시대 팬들과 함께 아리아리 님의 집에 방문을 했는데, 집이 온통 임영웅의 사진으로 도배가 되어 모두를 놀라게 했습니다. 또, 임영웅이 광고 모델을 한 제품들을 구매해 정성스레 꾸며두었습니다. 모두가 깜짝 놀랄 정도로 대단한 팬심이었습니다.

이런 대단한 팬심에는 깊은 사연이 있었습니다. 이 분은 과거 시아버지와 시어머니, 그리고 친정어머니의 병간호까지 맡아 세월을 보냈기에 정작 자신은 돌볼 여유가 없었습니다. 이런 힘든 시기가 모두 다 지나가고, 자신을 돌아보니 엄청난 허전함이 밀려왔다고 합니다. 우울한 마음에 유서까지 써놓을 정도로 힘든 시간을 보내고 있을 때, 임영웅은 그야말로 위로의 천사로 다가왔다고 합니다. 아리아리 님은 "어머니를 위한 '바램'을 부르더라. 마음이 뭉클했고, 눈물이 났다. 임영웅의 사연을 들어보니 힘들게 살았다. 나랑 똑같았다."라며 임영웅에게 받은 감동과 위로를 고백했습니다. 임영웅을 만난 이후로 우울한 일상은 정반대로 바뀌었다고 합니다. 직장에서도 임영웅의 노래를 들으며 흥겹게 일할 수 있었습니다. 이발소를 운영하는 아리아리 님의 남편 분께서는 "웃을 일이 없었는데 웃음소리가 난다. (임영웅에게)고맙게 생각한다."라며 임영웅 덕분에 가정의 웃음을 되찾은 것

임영웅 덕질 보고서

에 고마움을 표했습니다. 우울했던 과거에서 벗어날 수 있게 했던 임영웅은, 아리아리 님께 '영웅'이 되었습니다. 방송 이후 자신의 집을 개방했고, 팬들의 웅지순례 코스가 되었습니다. 마음이 힘든 사람들은 함께 위로를 주고받으며, 선한 영향력을 나누고 있다고 합니다.

채널명에 얽힌 이야기
첫 번째

저의 채널 이름 '59TV'에 대해 궁금해 하는 분들이 많습니다. 숫자 '59'가 사용되니까 보통 "혹시 59년생인가요?"라고 많이들 질문하십니다.

미국 LA에서 열린 임영웅 콘서트 때 만난 한 남자 교포 팬은 "나도 59년생이다."면서 반갑게 인사해 주셨습니다. "생각보다 젊네요."라는 말을 붙이시면서요, 사실 그분은 저의 형님뻘 되시는 분입니다.

국내 콘서트 때도 마찬가지입니다. 저는 2022년부터 시작된 임영웅 전국투어 콘서트 때 고양, 서울, 대전, 대구, 광주,

부산 등지를 방문 했습니다. 콘서트가 시작하는 날에는 현장을 방문해서 구독자님들과 오프라인 인사를 나눕니다. 그럴 때 저를 만나는 구독자님들은 하나같이 "59할배, 생각보다 젊네.", "할배 이름 빼고 오빠라고 해요."라고들 말씀하십니다.

유튜브 채널에서 볼 때는 흰머리가 먼저 보이니까 나이 많을 것이라고 생각하셨다고 합니다. 그러나 직접 보니까 얼굴이 팽팽(?)해 보인다는 말씀도 하십니다. 그러면 저는 이렇게 이야기를 해 왔습니다.

"원래 젊어요.^^"

젊은할배 이야기

좋은 건 다 나누자는
마음이 모인 곳, 스터디 교실

영웅시대의 꽃, 스터디 교실에 대해 보고합니다.

보기만 해도
행복한 추천 영상!

임영웅의 'Reroad'

영웅시대의 활동을 더욱 역동적으로 만든 것은 아마 '스터디 교실'이 한몫 하지 않았나 싶습니다. 스터디 교실은 덕질 활동이 어려운 분들이 모여 서로가 아는 정보를 공유하고, 배우는 모임입니다. 임영웅 팬들을 하나로 묶어주는 모임이자, 영웅시대의 결속력을 높여주는 데에 큰 공신력을 했다고 할 수 있습니다. 이 모임은 전국 곳곳 없는 곳 빼고 다 있을 만큼 상당히 많은 곳에 분포되어 있으며, 덕후 교실, 스터디방, 배영주 교실 등 다양한 이름으로 불립니다. 영웅시대에는 세대를 나눌 것 없이 모든 연령대의 팬들이 존재하지만, 그중에서도 스마트폰 사용이 어려워 덕질 활동이 어려운 분들께 교육의 장소가 되어 주었습니다. 전국에 대략 120여 개의 스터디 교실이 운영되고 있습니다.

학원이면 보통 수업료를 받지만, 스터디 교실은 무료입니다. 초보 영웅시대 회원들을 포함하여 응원 방법이 서툴거나 어려움을 겪는 분들이 언제든지 찾을 수 있는 공간이었습니다. 과거와 달리 음악을 소비하는 방법도 바뀌면서 '스밍'으로 음악을 소비하는 사람이 훨씬 많아졌습니다. 전화를 걸고 받는 것부터 음원 스트리밍을 하는 법, 임영웅의 기사를 직접 확인하는 법, 팬카페에 가입하여 활동하는 법 등 자유자재로 미디어를 이용할 수 있게끔 큰 도움을 주고 있습니다. 특히 미디어에 취약한 70~80대 어르신들이 마음 놓고 질문하고 배울 수 있는 교육의 장터가 되었습니다.

참된 덕후 교실

현재는 운영하지 않고 있지만, 운영 당시 팬들 사이에 화제가 됐던 곳이 '참된 덕후 교실'이었습니다. 2021년 5월, 서울 마포에 있는 한 오피스텔을 얻어 문을 연 이 모임은 덕질 초보 팬들을 위한 응원 방법과 스트리밍 방법 등을 알려 주는 교육 장소였습니다.

임영웅이 미스터트롯 진이 되고 난 직후, 서울 지역에서 다양한 봉사활동을 하던 '영웅시대 밴드 나눔 모임'이 회원들을 대상으로 한 무료 교육을 시작으로, 점차 교육의 규모가 커져 공간을 마련해 진짜 스터디 교실을 열게 된 곳이 이곳 참된 덕후 교실입니다.

2022년 1월 방송된 KBS2TV <팬심 자랑대회 주접이 풍년> 방송에 영웅시대 분들이 출연했습니다. 이때 한 주접단(방송에서 팬 대표를 이르는 말)이 참된 덕후 교실에서 덕질을 배웠다고 말해 MC들이 "도대체 거기는 무슨 학원이냐?"라는 질문을 하기도 했습니다.

참된 덕후 교실의 관계자는 "임영웅의 '덕후'가 되길 원하는 이들의 연령대는 70대가 가장 많았다. 이어 60대, 80대 순이었다. 90대도 적지 않았다. 최고령은 94세였다."고 회고했습니다. 또, 일부 언론보도를 보면 간병인의 도움을 받아 이곳을 찾은 이, 모녀가 손잡고 찾은 이, 자신의 회사 비서를 앞세우고 온 기업체 대표 등 다양한 사람들이 모인다고 합니다. 이곳의 최고령 교육생은 94세였는데, 임영웅을 도련님이라 부르며 당시 주위 사람들에게 "임영웅을 만난 게 횡재, 5년만 더 살았으면

6장 좋은 건 다 나누자는 마음이 모인 곳, 스터디 교실

좋겠다."는 말을 하신다고 합니다. 현재 97세로 아주 건강하게 임영웅 덕질을 하고 있습니다.

무언가에 도전하기가 쉽지는 않은 연령대지만, 임영웅으로 인해 용기를 얻고 새로운 것을 배우고자 하는 마음으로 모이게 된 것입니다. 결국 덕질로 시작한 스터디가 인생의 새로운 지식이 되어 더욱 폭넓은 문화 활동을 즐기게 되었습니다.

배영주 교실

서울에 있는 배영주 교실도 팬들 사이에서 많이 알려진 스터디 교실입니다. '배영주'란 '배워서 영웅이 주자'의 줄임말입니다. 서울과 부산에 위치하고 있고, 서울 배영주 교실은 영웅시대 팬클럽 가운데 '서울2방'이라는 명칭을 달고 운영하고 있으며, 2020년 5월에 시작하여 벌써 5년 째 운영하고 있습니다.

스터디 하우스

부산 영웅시대 '스터디 하우스'는 2022년 5월에 만들

임영웅 덕질 보고서

어진 모임입니다. 이 모임은 '이왕 봉사를 할 거면 임영웅의 이름으로 하자.'라는 취지를 갖고 3명의 영웅시대가 모여 만들어졌습니다. 처음에는 동네 카페에서 모여 봉사 계획을 짜거나, 임영웅에 관한 스터디를 했지만 여러 불편함이 있는 관계로 아예 사무실을 차리게 되었다고 합니다. 현재는 꽤 많은 분들이 모여 함께 봉사 활동도 하고, 스터디 교실에서 방송 투표 방법이나 팬카페 가입 방법 등 덕질에 대해 많은 정보를 공유하고 있습니다.

스터디 하우스 관계자분께 이야기를 들어보니, 연세가 있으신 분들이 처음에는 어렵다며 볼멘소리를 내지만, 배우고 나면 밤잠 안 주무시고 응원하는 용사로 돌변한다고 합니다. 이 스터디 하우스의 방장인 미아엄마 님은 "저희 스터디 선생님들 덕분에 임영웅이 상을 받는데 한 몫을 할 수 있었다고 감사 인사를 받을 때마다 가장 보람을 느낀다."고 말씀하셨습니다.

웅바라기 스쿨

서울 송파구에 있는 웅바라기 스쿨은 카페를 운영하면서 다양한 프로그램을 운영하고 있습니다. 이 모임은 카페 '더 히어로'를 운영하고 있는데요. 카페 공간을 활용해 팬들이 잘 모르는 스밍 방법이라든지, 아티스트를 위한 각종 투표 등을 교육하고 있습니다. 이와 함께 팬들이 덕질을 하면서 필요한 각종 장식이나 네임택, 응원 도구 제작 등도 교실을 열어서 덕질의 즐거움을 넓히고 있습니다. 그리고 이 교실을 자주 오는 회원들이 십시일반 회비를 모아 매달 1만 원씩 기부하는 '건행 데이'를 운영하며 선한 영향력을 실천하기도 합니다.

서울동북부 영웅시대

영웅시대 팬클럽 가운데 규모가 큰 '서울동북부 영웅시대'는 가장 최근 서울 노원구에 스터디교실을 오픈했습니다. 이곳에서 활동하는 팬들은 강북구, 노원구, 도봉구, 동대문구, 중랑구뿐만 아니라, 경기도 구리시, 남양주시, 의정부시, 포천시에 계신 분까지 수도권에 계신 모든

임영웅 덕질 보고서

분들이 이곳으로 모여들고 있습니다. 회원은 무려 260여 명으로, 그동안 임영웅에 관한 여러 가지 이벤트를 개최해 오던 이들은 지속적인 활동을 위해서는 공간이 필요하고, 또 교육이 뒷받침되어야 한다는 판단에 자리를 잡게 되었습니다. 현재 영웅시대 팬카페 회원뿐만 아니라 덕질을 위해 필요한 공부를 원하는 팬들은 모두 환영하고 있으며, 누구든지 함께 응원할 수 있도록 돕는 것이 이들의 궁극적인 목표라고 합니다. 이곳을 방문하면 현재 자신의 응원 방법이 제대로 이뤄지고 있는지 점검을 해주기도 하며, 영웅시대의 웅지순례 코스가 되겠다는 포부를 밝히기도 했습니다.

위에 거론한 곳은 소위 '스터디 전문' 모임이라 할 수 있고, 이외에도 전국 곳곳에서 임영웅을 사랑하기 위한 스터디가 이뤄지고 있습니다. 팬들은 이것을 '지역방'이라고 부르는데요. 전국 방방곡곡에 구성되어 있습니다. 이 모임들은 특정 장소를 가지고 있지 않지만, 모일 때마다 그 시기에 필요한 투표 방법이나 스밍, 공식 팬카페 가입 등을 서로 알려주면서 임영웅 응원에 함께 나서고 있습니다. 공부뿐 아니라 기부와 봉사도 이 지역방을 중심으로 이뤄지기도 합니다. 그동안 기부에 참여한 전국의 지역방을 살펴보면 임영웅 팬들이 얼마나 많은 곳에서 다양하게 소통하고 있는지를 금방 알 수 있을 겁니다.

영웅시대 지역방 목록

제 선에서 가능한 만큼 최대한 조사를 했고, 모음 순으로 나열하였습니다. 빠진 지역방이 있다면, 너그러이 양해를 부탁드립니다.

▲강원 영웅시대 ▲거제 영웅시대 ▲경북 영웅시대 ▲광주전남 영웅시대 보금자리방 ▲김포 영웅시대 ▲남원·순창 영웅시대 ▲대구 별빛스터디방 ▲대구 영웅사랑봉사회 ▲대구 영웅시대 투게더방 ▲대구·포항 영웅시대 ▲대구·포항 영웅시대 '영웅바라기' ▲대전·충남 영웅시대 ▲미국 LA 영웅시대, ▲미국 뉴욕 뉴저지 영웅시대 ▲미국 시애틀 영웅시대 ▲미국 영웅시대 ▲미

임영웅 덕질 보고서

국 하와이 영웅시대 ▲부산 MY HERO 스터디방 ▲부산 영웅시대 스터디 하우스 ▲부천 웅사랑방 ▲서울동북부 영웅시대 ▲성남 영웅건행국 ▲수원, 동탄 웅벤져스 ▲수원밴드 영웅시대 ▲순천 영웅시대 웅사랑 ▲시드니 영웅시대 ▲안동 영웅시대 스터디방 ▲안산 영웅시대 ▲여수 영웅시대 온기 ▲연천 영웅시대 ▲영웅 진심방 ▲영웅나라 ▲영웅바라기 서포터즈 ▲영웅시대 HERO 초심방 ▲영웅시대 The HERO Top 강원 ▲영웅시대 경기동부지역방 ▲영웅시대 경주1방 ▲영웅시대 광전별빛방 ▲영웅시대 광주전남 ▲영웅시대 구리·남양주 별빛히어로방' ▲영웅시대 나눔의 방 ▲영웅시대 대구 누부야방 ▲영웅시대 대구별빛스터디방 ▲영웅시대 대전 충남 ▲영웅시대 미국동부스터디방 ▲영웅시대 밴드 나눔모임 ▲영웅시대 별빛웅바라기 ▲영웅시대 봉사나눔방 라온 ▲영웅시대 부산봉사방 ▲영웅시대 부산연합 ▲영웅시대 서부은평방 ▲영웅시대 서산태안방 ▲영웅시대 서울 은평방 ▲영웅시대 서울1구역방 ▲영웅시대 서울2구역방 ▲영웅시대 서울3방 ▲영웅시대 수원밴드 ▲

6장 좋은 건 다 나누자는 마음이 모인 곳, 스터디 교실

영웅시대 아이돌차트 응원방 ▲영웅시대 안동 스터디방 ▲영웅시대 안성·평택 ▲영웅시대 어덕행덕방 ▲영웅시대 우리들 ▲영웅시대 울산 ▲영웅시대 웅기종기 ▲영웅시대 웅편단심 ▲영웅시대 위드 히어로 광주·전남 ▲영웅시대 위드히어로 강원 ▲영웅시대 위드히어로 경기·서울 ▲영웅시대 위드히어로 경기2방 ▲영웅시대 위드히어로 경기3지부 ▲영웅시대 위드히어로 경기7방, 서경밴드 ▲영웅시대 위드히어로 광주·전남 ▲영웅시대 위드히어로 대구·경북 ▲영웅시대 위드히어로 대전·세종 ▲영웅시대 위드히어로 부산 금정산 ▲영웅시대 위드히어로 부산남수해 ▲영웅시대 위드히어로 부울경 ▲영웅시대 위드히어로 서울경기 ▲영웅시대 위드히어로 울산따라따라 ▲영웅시대 위드히어로 제주 ▲영웅시대 전북 ▲영웅시대 전북방 ▲영웅시대 전북별빛방 ▲영웅시대 정읍 무지개방 ▲영웅시대 제주 ▲영웅시대 진주 ▲영웅시대 창원경남 웅사랑방 ▲영웅시대 춘천 핑크 웅사랑방 ▲영웅시대 충북 ▲영웅시대 충북방 ▲영웅시대 통영 ▲영웅시대 홍천방 ▲영웅시대 밴드 나

눔모임 ▲영웅이를 사랑하는 전국구 누야들 팬모임 ▲
영주 예천 영웅시대 ▲울산 영웅사랑방 ▲웅바라기스쿨
▲웅빛나래방 ▲인천 웅's 사랑방 ▲임영웅 팬밴드 '웅
기종기' ▲임히어로 서포터즈 ▲전북 영웅시대 전주영사
모 ▲정읍 영웅시대 ▲제천 영웅시대 ▲진주 영웅시대
▲창원 경남 웅사랑방 ▲창원 영웅시대 응사모방 ▲철
원백골 영웅시대 ▲충주 영웅시대 ▲평택 영웅시대 웅
패밀리 ▲포에버웅 스터디 ▲함께하는 영웅시대 경주방
▲함께하는 영웅시대 부산 ▲함께해요 안산 영웅시대
▲합천 영웅시대

6장 좋은 건 다 나누자는 마음이 모인 곳, 스터디 교실

채널명에 얽힌 이야기
두 번째

원래 제 유튜브 채널의 이름은 '59초TV'였습니다. 유튜브에 대해 잘 모를 때, 사람들이 긴 영상은 잘 안볼 것 같고, 짧은 영상은 쉽게 보실 것이라는 생각에 59초짜리 영상을 만들자고 계획하여 그렇게 이름을 지었습니다. 처음에는 59초 영상을 몇 개 업로드 하기도 했지요.

그러던 중, 유튜브를 본격적으로 시작한 2019년 쯤 됐을 때 주변에서 이름이 읽기 어렵다고 말씀해 주셨습니다. 유튜브에서 검색을 하기에도 숫자를 눌렀다가, 영어를 눌러야 하니 채널을 찾는 게 복잡하다는 것이었습니다.

그래서 깊은 생각 없이 '그러면 초를 빼면 되지 않나'라는 생각에 59와 TV 사이에 있는 '초'를 삭제 하였습니다.

그렇게 해서 59TV가 됐습니다. 아마 초기에 저의 구독자가 되신 분들은 '59초TV' 이름을 기억하실 겁니다.

젊은할배 이야기

7

영웅시대를 보며 느낍니다

저 젊은할배가, 영웅시대를 바라보며.
느낀 점에 대해 보고합니다.

보기만 해도
행복한 추천 영상!

임영웅의 '히어로의 삶'

가수 임영웅의 공식 팬카페 '영웅시대'는 '다음' 포털 사이트에 개설되어 있습니다. 2017년 임영웅이 무명 시절이었을 때 개설되어 올해 5월 개설 7주년을 맞았습니다. 임영웅이 2016년 데뷔를 했으니, 데뷔하고 다음 해에 팬카페가 만들어진 셈입니다. 처음에는 27명으로 시작했다고 합니다. 지인들과 소속사 대표 등으로 출발한 팬카페는 7년 만에 20만 명으로 폭풍 성장을 했습니다.

팬카페의 성장은 아무래도 TV조선 <미스터트롯> 경연의 영향이 컸습니다. 팬카페 회원 숫자를 보면 잘 알 수 있는데요, 2017년 5월 27명, 그해 12월 80명, 다음에 2018년 12월 750명, 2019년 12월 1,600명이었던 회원 수는 <미스터트롯>이 시작한 2020년 1월, 2,000명을 넘어섰습니다. <미스터트롯> 경연이 끝난 3월 20일에는 회원 수 5만 명을 넘었습니다. 젊은할배도 아마 이때쯤 회원 가입을 한 것 같습니다. 회원 숫자는 기하급수적으로 증가해 6월 15일에는 회원 수 10만 명을 돌파했고요, 2021년 3월 13일 15만 명, 그리고 1년 뒤인 2022년 3월

14일에 17만 명, 8월 11일 18만 명 등 계속해서 증가했습니다. 드디어 2023년 12월 29일, 회원 수는 20만 명 고지를 밟았습니다.

하지만 이게 다가 아닙니다. 사실, 임영웅 팬들은 공식 팬카페 '영웅시대' 회원 숫자보다 훨씬 많습니다. 디지털에 능숙하지 못한 어르신 팬 분들은 팬카페에 가입하지 못하고 있지만, 응원이나 기부만큼은 뒤지지 않습니다. 우선 2020년 3월 미스터트롯 경연 당시 문자 투표의 폭주로 생방송이 한 주 연기되는 대형 방송사고가 난 것을 보면, 얼마나 많은 관심과 주목을 받았는지 알 수 있습니다. 그때 동시 시청자 수가 854만 명이라는 기록도 세웠습니다. 그 때 집계된 총 문자 투표수는 773만 1,781건에 이르렀습니다. 이 가운데 유효 투표수는 542만 8,900표였고, 임영웅은 이 가운데 25.32%인 137만 4,748표를 얻어 당당히 미스터트롯 진에 등극 했습니다. 일부 중복표도 있겠지만, 투표수를 놓고 보면 773만 표의 25%인 200만에 가까운 표가 임영웅을 응원한 것으로 계산할

임영웅 덕질 보고서

수 있습니다. 여기에 투표에 참여하지 못한 해외 팬들까지 고려하면 그 숫자는 훨씬 커지는데요, 2023년 2월 미국 LA 콘서트 때 4,500여 석의 돌비극장이 이틀 동안 꽉 들어찬 것을 보면 임영웅의 해외 팬 규모를 짐작할 수 있을 것입니다.

젊은할배가 생각해 본 영웅시대의 다섯 가지 키워드

제 채널 구독자들을 살펴보면 스마트폰 사용의 문턱에 막히거나, 여러 가지 이유로 영웅시대 공식 팬카페에 가입을 못 한 분들이 꽤 많은 것 같습니다. 그러다 보니 접근이 쉬운 유튜브로 임영웅 덕질을 하게 되고, 자연스레 제 채널인 '젊은할배 59TV'를 찾아주시는 것 같습니다. 가장 많이 궁금해하시는 것이, 팬카페에 올라오는 '영드말'(임영웅이 팬들에게 쓰는 편지인 '영웅이가 드리는 말씀')입니다. 이것이 제 채널 구독자 들에게는 주요 콘텐츠가 되고 있습니다.

5년 가까이 빠짐없이 만나고 있는 임영웅 팬들을 보며

저는 다섯 가지 키워드가 떠오릅니다. 순전히 제가 매일
아침에 만나는 분들로부터 느낀 것입니다.

첫 번째는 '신뢰'입니다

　팬들은 임영웅이 이렇게 스타로 성장하는 데 함께한
역사가 있습니다. 2020년 경연 때, 적극적인 투표와 결
승 대국민 현장 문자 투표로 당당히 미스터트롯 진에 등
극을 시킨 것도 팬들의 힘이 컸다는 건 부인할 수 없을
겁니다. 그리고 각종 음악 프로그램에서 1위를 차지할 때
도 팬들의 실시간 문자 투표가 큰 점수로 기여를 했고요,
또 앨범 판매에서도 팬들의 뜨거운 성원으로 100만 장
이라는 기록을 세울 수 있었습니다.

　이런 과정들을 거치면서, 팬들은 임영웅이 스타가 되
는 것에 '나도 함께 했다'는 생각을 가지고 있습니다. 자
부심이죠. 이러다 보니 가수 임영웅은 손자 같고, 아들
같다고 합니다. 아니 그보다 더 사랑스럽다고 이구동성
이야기합니다. 무한히 신뢰하게 되고, 무한히 응원하게

임영웅 덕질 보고서

됩니다. 임영웅이 광고모델을 하는 곳마다 광고 효과가 눈에 띄게 나타나는 것도 바로 이런 마음을 갖고 있기 때문인 것 같습니다. 임영웅을 믿고 구입하고 사용하는 것이지요. 임영웅이 광고하는 간장으로 바꾸고, 거래 은행을 옮기고, 먹는 물까지 교체하는 것도 크게 어렵지 않습니다. 샴푸도 교체해서 사용하고, 남편 옷도 바꿔 줍니다. 형편이 닿는 분은 차도 바꿨다고 하지요. 내가 키운 아티스트가 더 잘되게 하는 것이라면 그 무엇이라도 할 수 있다는 생각이 가득합니다.

두 번째는 '보답'입니다

기부 현황을 봐도 그렇습니다. 팬들은 임영웅의 생일이나 12월 연말, 국가가 어려울 때, 큰 산불 피해가 났을 때, 수해가 났을 때마다 가만히 손 놓고 있지 않았습니다. 임영웅이 먼저 영웅시대 이름으로 기부하면, 팬들은 임영웅 이름으로 기부합니다. 그러면서 무서우리만치 전국적으로 함께 기부 행렬이 이어집니다. 이럴 때마다 팬들이 하는 말은 한결같습니다. 임영웅으로부터 받은 위로, 되돌려 드리고 싶다고 합니다. 전국에서 매달 이뤄지는 봉사에 참여하는 팬들도 마찬가지입니다. 임영웅의 선한 영향력을 사회에 전하고 싶다고 합니다. 그야말로 무한 보답입니다. 시작은 임영웅의 위로에 대한 보답이지만, 그것은 단순히 임영웅을 향하는 것이 아니라 지역 사회로 전파되고 있습니다. 임영웅이 미스터트롯 경연에 등장한 2020년 1월로 돌아가 보면, 당시 한국 사회는 '코로나19'라는 팬데믹 현상으로 우울하고, 힘들고, 답답했습니다. 이때 임영웅은 감성적이고 아름다운 노래로 위로를 전했습니다. 노래뿐 아니라 한마디 한마디가 격려되고 응원이 되었습니다. 임영웅의 서사는 공감을 얻었습니다. 이런 임영웅에 대한 보답은 기부와 봉사로 이어졌습니다. 이것이 아마 아이돌 팬들과는 다른 형태가 아닌가 싶습니다.

세 번째는 '행동'입니다

임영웅 팬들은 한번 한다면 가감없이 하는 분들입니다. 가끔 제게 보내는 문자를 보면 제가 다 걱정될 정도

임영웅 덕질 보고서

입니다. 꼭 필요한 투표가 시작되면, 많은 팬들은 밤잠을 설치며 투표에 집중하는 것을 알 수 있습니다. '9학년 7반'인 한 팬분은 밤에 주무시다가도 잠깐 일어나서 투표하고 다시 잠을 청한다고 합니다. 낮에도 시간 맞춰서 투표를 진행하는 데, 하나도 힘들지 않다는 겁니다. 내가 좋아하는 도련님(이 팬은 임영웅을 부르는 호칭이 '도련님'입니다.)을 위한 투표가 기쁨이고 보람이라고 합니다. 이런 모습을 보면 그야말로 행동하는 팬이라 할 수 있지 않겠어요? 이것뿐인가요. 봉사활동은 한 번도 건너뛰지 않았습니다. 분기별로, 때때로 이뤄지는 기부도 있지만, 매달 진행하는 봉사도 곳곳에서 이뤄집니다. 앞에서도 다뤘던 이야기입니다만, 아침마다 유튜브 방송을 만들 때 눈에 들어오는 영웅시대 밴드 나눔 모임은 서울 용산구에 위치한 '가톨릭사랑평화의집'에서 진행되는 쪽방촌 도시락 봉사가 이 글을 쓰는 2024년 6월을 기준으로 벌써 64회째를 맞았습니다.

영웅시대 봉사 나눔방 라온도 로뎀의집에서 진행한 급식 봉사만 벌써 36회입니다.

부산 영웅시대 스터디 하우스는 부산연탄은행(밥상공동체)에서 후원과 함께 도시락 나눔 봉사를 벌써 35회차 동안 이루어졌습니다.

영웅시대 안동 스터디방은 대한적십자사 경상북도지사와 빵을 만들어 전달하는 봉사를 매달 진행합니다.

서울 잠실에 있는 임영웅 팬클럽 웅바라기 스쿨은 매달 16일을 건행 데이로 정해 회원끼리 1만 원씩 모아서 인근에 있는 아동 '그룹홈'을 돕고 있습니다.

경남 창원시 성산구에 있는 임영웅 찐팬이 운영하는 서울 육개장(대표 김인선)은 2021년 6월부터 매월 두 차례 100만 원 상당의 육개장과 밑반찬을 만들어 같은 구에 사는 독거노인과 장애인 등 식생활이 어려운 가구 15세대에 전달해 오고 있습니다.

대구 군위군 효령면에 있는 해나루가든 식당도 기부뿐만 아니라 어르신들을 대상으로 음식 대접을 해 오고 있는 곳 중에 하나입니다.

나열하고 다시 한 번 더 읽어보니, 정말 대단하지 않나요? 이외에도 전국 곳곳에 제가 알지 못하는 훨씬 더 많은 봉사활동이 진행되고 있을 겁니다. 중요한 것은 한 번에 그치는 것이 아니라 꾸준하게, 행동으로 보여주고 있다는 것이 진짜 대단한 거 아닌가 싶습니다.

네 번째는 '가족'입니다

영웅시대는 모두가 가족이라는 생각을 가지고 있는 끈끈한 공동체인 것 같습니다. 공연장에서 처음 만난 옆자리 팬과는 전화번호를 주고받지요. 그리고 다음 콘서트 때 만나서 안부를 여쭙니다. 임영웅도 콘서트 시작하기 전에는 꼭 옆 사람과 인사를 나누게 하고, 우리는 모두 가족이라는 멘트를 하기도 합니다.

이런 일도 있습니다. 시대가 바뀌고, 세월이 바뀌면서 언제부터인가 다른 사람의 집을 방문하는 경우가 많이 줄어들고, 자신의 주소도 공개하지 않는 분들이 늘어났습니다. 하지만 영웅시대는 이런 사회적 흐름도 거슬러 올라가는 것 같습니다. 임영웅이라는 이름 하나로 정을 나누는 '오픈하우스'가 만들어지기 때문입니다. 오픈하우스란, 콘서트 기간에 숙소를 잡지 못한 다른 팬들을 자신의 집에 초대해 무료로 잠자리를 제공해 주는 곳을 말합니다. 요즘 시대에 이런 곳이 어디에 또 있을까요? 흔히 콘서트가 열리는 도시에서 오픈하우스가 열립니다. 팬들로서는 난생 처음 가는 공연장이고, 또 도회지에서 호텔을 잡는 것도 정말 낯선 현실이지요. 이분들에게 오픈하우스는 그야말로 보금자리가 됩니다. 또, 해외에서 오는 팬들에게는 한국의 정을 다시 한 번 느끼는 공간이 되기도 합니다. 제가 알기로는 지금까지 대전, 대구, 부산에서 오픈하우스가 열렸고, 서울에서도 콘서트 때마다 오픈하우스를 제공해 주는 분이 있는 것으로 압니다. '무료' 오픈하우스를 통해 만난 팬들은 다시 친구가 되고, 또 서로가 연결되면서 모임이 만들어지고 있습니다. 이렇게 만난 인연은 꾸준하게 만나다는 소식도 들려옵니다. 또, 오픈 하우스가 더 재미있다며 오히려 오픈하우스를 찾는 경우도 있습니다.

다섯째는 '젊음'입니다

젊음은 곧 '열정'입니다. 임영웅 팬들은 대부분 이렇게

까지 한 가수를 좋아하게 된 것이 처음일 것입니다. 하루 종일 이 가수의 노래를 듣고, 또 티셔츠나 슬로건, 모자, 방한복, 네임택 등 다양한 굿즈도 삽니다. 앨범을 사는 것은 당연지사, 콘서트가 시작되면 공연장에도 갑니다. 이 모든 일이 처음인 팬들은 가슴이 뛴다고 하고, 소녀 시절도 되돌아가는 느낌이라는 말도 합니다. 어렵게 표를 구해 공연장에 들어갈 때면 그야말로 가슴이 뛰는 경험도 하게 됩니다. 본인들은 자기가 왜 이러는지를 모르겠다고 하면서도 자연스럽게 빠져들고 있습니다. 얼굴이 모두 활짝 피고, 밝아졌습니다. 이 모든 변화가 임영웅을 좋아하면서 벌어진 일입니다. 임영웅 덕분에 스마트폰도 자유자재로 다루고 있습니다. 투표나 스밍을 하다 보니, 스마트폰의 용도가 더 이상 전화만 받는 것에 그치지 않고 소통하는 기계가 됐습니다. 팬카페에 들어가고, 뉴스도 검색하고, 유튜브도 보고, 노래도 스밍하고, 공연장에서 사진도 찍고, 이렇게 스마트폰을 잘 활용하는 분들이 계실까요? 이것 또한 임영웅 덕분입니다. 그래서 임영웅 팬들은 또래보다 한 열 살은 젊게 살고 있습니다. 덕질의

열정이 있다 보니 이런 변화도가져 왔습니다.

이렇게 제가 만나 봤던 영웅시대 분들을 보며 느낀 점들을 총 다섯 가지의 키워드로 정리해 보았습니다. 이 모든 것은 젊은할배가 임영웅 팬들과 소통하면서 느낀 점입니다. 영웅시대 분들 중에는 물론 남성분들도 계시겠지만, 아무래도 여성분들의 비율이 훨씬 더 높을 것입니다. 그리고 저는 개인적으로는 여성의 마음을 참 모르는 사람 중 한 명입니다. 집사람한테 늘 지청구를 듣지요. 그래서 임영웅으로 인해 한 단계 더 멋진 모습으로 변해 있는 영웅시대 분들을 제대로 소개하고 표현하지 못했을 지도 모릅니다. 그 부분은 너그럽게 이해해 주시기를 바랍니다.

"그럼 그렇지, 네가 어떻게 여자의 마음을 알아?"

보기만 해도
행복한 추천 영상!

전설의 '바램' 무대

채널명에 얽힌 이야기
세 번째

59가 왜 들어갔는지는 모두 이해 하셨죠? 그럼, '젊은할배'는 언제부터 들어갔는가? 이것이 또 궁금하실 텐데요, 우연한 일로 들어가게 되었습니다.

아마 2022년쯤이었을 겁니다. 유튜브의 생태를 이해하고 공부하기 위해 대전에 있는 공공기관에서 진행하는 유튜브 교육 프로그램에 참여를 하게 됐습니다. 그 자리에서 만난 한 젊은 친구가 제 채널에 들어가 보더니, "연예뉴스를 다루시는 군요. 그러면 아예 상징성을 넣어 '젊은할배 연예뉴스'로 이름을 바꾸시는 게 어떨까요?"라고 말하며, 뒤이어 "정치나 종교,

이런 거는 안하시는 게 좋겠어요."라고 권유했습니다.

저는 그 말을 듣고 사무실로 돌아와서 곧바로 채널 이름 앞에 젊은할배를 붙였습니다. 생각보다 별거 아닌 이유지요? 하지만 결과는 좋았던 것 같습니다. 구독자님들이 저를 부를 때 젊은할배, 오구할배, 할배 등 더욱더 친근하게 부르실 수 있게 되었기 때문입니다. 또, 그 이후에는 정치나 지역사회에 대한 문제 등을 다루는 콘텐츠는 일절 만들지 않았습니다. 오직 임영웅에 집중하기로 마음을 먹었기 때문이죠.

젊은할배 이야기

임영웅과 영웅시대의
기부와 봉사 목록

우리나라 각 언론매체에서 보도한 임영웅의 기부 내역과 영웅시대의 기부·봉사 내용을 조사했고, 보도된 날짜와 영웅시대 지역방 이름, 기부처, 기부액 등 순으로 재정리 하였습니다. 가능한 제가 아는 모든 정보를 취합하여 최대한 조사를 했지만, 언론에 보도 되지 않은 기부 내용은 일부 빠졌을 수 있음을 알립니다. 키워드는 '임영웅+기부' 를 사용하였습니다.

 ## 임영웅 기부 목록

2024 05 08	어버이날 기념, 영웅시대 이름으로 사랑의열매 2억원 기부
2024 05 02	소아암·백혈병 환아에 어린이날 선물 지원
2024 01 22	영화 '소풍' OST 사용료 전액 기부
2023 07 17	임영웅, '영웅시대' 이름으로 호우피해 특별모금 2억원 기부
2023 06 16	생일 기념, 영웅시대 이름으로 사랑의열매 2억원 기부
2023 04 08	FC서울 시축 거마비 사양
2022 12 25	부산 뇌성마비 축구팀에 축구화, 하계트레이닝복, 동계방한복 선물
2022 12 23	소외계층을 위해 영웅시대 이름으로 사랑의열매 3억원 기부
2022 06 16	생일 기념, 영웅시대 이름으로 사랑의열매 2억원 기부
2022 03 08	사랑의열매 산불 피해 구호 1억원 기부
2021 12	KBS 단독쇼 억대 출연료를 제작진 및 스탭 분들께 나눠달라며 양보

2021 06 22   임영웅+TV조선, 굿네이버스를 통해 3000만원 상당공기청정기 기부 중,

임영웅도 영웅시대 이름으로 동참했던 것이 알려짐

2021 06 16   생일 기념, 영웅시대 이름으로 사랑의열매 2억원 기부

2020 08 24   수재민 도움 위한 '희망을 파는 사람들' 8억 9668만원 기부 중,

2020 06 18   소외계층 아동 위해 '꿈을주는과일재단' 1억원 기부

2020 06 05   임영웅, 모교 경복대 우당대상..상금 500만원 전액 기부

2020 04 02   첫 광고 출연료(쌍용 렉스턴) 전액 기부

2020 04   미스터트롯 진 상금으로 받은 6,000만원 상당의

수제화 200켤레 출연 동료 기부

2020   포천시에 정기적으로 아이들을 위한 장학금 기탁

(포천시장 2주년 간담회때 밝힘)

2018   KBS 아침마당 5연승 상금 100만원 NGO 희망을 파는 사람들 기부

영웅시대 기부 및 봉사 목록
2020년 3월 18일 ~ 2024년 6월 28일까지의 기록

2024 06 28 | 대구 영웅시대 대구누부야, 대구아동보호센터에 300만원 기부

팬카페 웅이나무, 소흘읍사무소에 100만원 상당 라면 기부

2024 06 27 | 영웅시대 위드히어로 대전, 세종, 대전사회복지공동모금회 라면 616개 전달

2024 06 26 | 임영웅 네이버 팬카페 영웅사랑, 초록우산에 300만원 기부

2024 06 26 | 영웅시대 구리, 남양주 별빛히어로방, 구리시에 400만원 기부

2024 06 24 | 군위 영웅시대 해나루가든, 군위군에 200만원 기부

2024 06 21 | 영웅시대 위드히어로 경기7방, 서경밴드,

고양 원당사회복지관에 쌀 600kg 기부

영웅시대 수원밴드, 사랑의 열무김치 나눔 봉사, 350만원 기부

김포 영웅시대, 김포시노인종합복지관 성금 100만원 기부

영웅시대 위드히어로 부울경, 창원시 성산구에 쌀 75포 기탁

2024 06 20 | 달리는 커피 구리교문점 구리시에 100만 원 기부

영웅시대 위드히어로 경기2방, 안양 적십자사와 여름 김치 나눔 봉사

2024 06 19 | 영웅시대 서부은평방, 은평구청 성금 616만원 기부

웅바라기스쿨, 사랑의달팽이 1227만원 기부

웅이나무카페, 포천 노아의집에 100만원 상당 식료품 기부

2024 06 18 | 수원, 동탄 웅벤져스. 사랑의 빵 나눔 봉사활동

울산 영웅사랑방, 사회복지공동모금회에 성금 400만원 기부

2024 06 17 | 영웅시대 안동 스터디방, 경북재활병원에 빵 나눔, 적심자사에 200만원 기부

정읍영웅시대, 이웃돕기 성금 300만원 기부

서울 동북부 영웅시대, 취약계층 청소년 616만원 기부

영웅시대 웅편단심 4명, 조약돌에 120만원 기부

2024 06 17　영웅시대 봉사나눔방 라온, 양평 로뎀의집 36번째 급식 봉사

네이버 팬카페 영웅나라, 백골부대에 400만원 상당 장병복지물품 기부

2024 06 16　영웅시대 창원경남웅사랑방, 희망나눔 성금 240만원

영웅시대밴드(나눔모임), 64번째 쪽방촌 도시락 봉사

충주 영웅시대, 충주시에 이웃돕기성금 340만원

영웅시대 제주, 제주케어하우스에서 성금 500만 원 기탁]

영웅시대 충북, 충북장애인축구협회에 200만원 상당 삼다수 4000병 기부

영주 예천 영웅시대, 영주시장애인종합복지관에 빵과 음료수 나눔 실천

2024 06 15　영웅시대 위드히어로 광주·전남, 사랑의열매 616만원 기부

평택 영웅시대 웅패밀리, 평택북부장애인복지관에 350만원 상당 물품 후원

진주 영웅시대, 인도네시아 학교에 735만원 기부

인천 웅's 사랑방, 사랑의열매 616만 원 기부

거제영웅시대, 거제시희망복지재단 213만원 상당 물품 기부

2024 06 14　영웅시대 정읍 무지개방, 300만원 기부

영웅시대 위드히어로 경기2방, 안양시에 백미 100포 기탁

영웅시대 부산봉사방, 부산사회복지공동모금회 성금 616만 원 기탁

평택 영웅시대 웅 패밀리, 장애인 가정 지원 후원품 전달

미국 LA거주 임영웅 팬 노성옥씨, 사회복지공동모금회 100만원 기부

부산영웅시대 스터디하우스, 부산연탄은행에 1000만원 기부

영웅시대 위드히어로 부산금정산, 사랑의열매 500만원 기부

대구 영웅시대 투게더방, 한국백혈병어린이재단에 300만원 기부

영웅시대 위드히어로 대전·세종, 사랑의열매 616만원 기부

임영웅 팬밴드 '웅기종기', 한국지역복지봉사회에 553만4800원 기부

2024 06 13　영웅시대 통영, 통영시에 이웃돕기 성금 300만원

순천영웅시대 웅사랑, 사랑의열매 383만원 기부

2024 06 13	영웅시대 경기북부사랑방, 고양동주민센터 어려운 이웃에 김치 기부
	영웅시대 봉사나눔방 라온, 서울대어린이병원에 1261만 6000원 기부
	영웅시대 울산, 울산사회복지공동모금회 이웃돕기 성금 616만원
	여수 영웅시대 온기, 사랑의열매 260만원 기부
2024 06 12	영웅시대 전북방, 전북시각장애인연합회에 631만원 기부
	영웅바라기서포터즈, 파주 장애인복지관에 616만원 상당 휠체어 기부
	안산영웅시대, 승일희망재단에 300여만원 기부
2024 06 11	영웅시대 위드히어로 강원, 초록우산 강원지역본부에 후원금 700만원
	미국 팬클럽 시애틀 영웅시대, 포천시에 이웃돕기성금 616만원
	철원백골 영웅시대, 사회복지공동모금회에 300만원 기부
2024 06 10	대구별빛스터디방, 계명대학교 동산병원에 취약계층 의료비 700만원 기부
	영웅시대 광주전남, 한국백혈병어린이재단에 920만원 기부
2024 06 06	대구영웅사랑봉사회, 장애인들과 놀이공원 투어
	강원영웅시대, 취약계층 지원 봉사 활동
2024 06 05	광주전남 영웅시대 보금자리방, 초록우산에 616만원 기부
2024 06 04	임영웅 미국 할머니팬 수테일러, 초록우산에 2천달러 기부
2024 06 01	영웅시대 미국동부스터디방, 굿네이버스에 500만원 기부
2024 05 30	영웅시대 플래시몹 댄스팀, 대한적십자사에 성금 350여만원 기탁
2024 05 29	영웅시대밴드 나눔모임, 중증장애인거주시설에 500만원 후원
	영웅시대밴드 나눔모임, 국제성모병원에 1천만원 기부
2024 05 25	창원영웅시대 응사모방, 취약계층에 온누리상품권 530만원 기부
2024 05 24	영웅시대 위드히어로 쌀 4톤 기부
2024 05 23	하와이 영웅시대, 가톨릭사랑평화의집 200만원 기부
2024 05 22	영웅시대 봉사나눔방 라온, 양평 로뎀의집 35번째 급식봉사·기부

2024 05 22	웅바라기스쿨, ‘소년예수의집’에 11번째 기부
2024 05 21	뉴욕뉴저지 영웅시대, 오하이오주 난민구제단체에 1000달러 기부
2024 05 12	임영웅 팬클럽 영웅시대, 홀트아동복지회에 231만원 기부 ‘훈훈’
2024 05 09	부산영웅시대 스터디하우스, 정기 후원 및 도시락 나눔 봉사
2024 05 08	수원밴드 영웅시대, 사랑의 빵나눔 봉사활동
2024 04 23.	영웅시대 봉사나눔방 라온, 양평 로뎀의집 34번째 급식봉사·기부
	영웅시대 제주 우도 플로깅 활동
2024 04 19	서울 동북부 영웅시대 회원 그레이(한국명 이병남) 씨,
	미화 3000달러 기부
2024 04 18	함께하는 영웅시대 부산, 부산 오뚜기 FC 축구단에 삼다수 5천병 후원
2024 04 16	대구영웅사랑봉사회, 장애인 힐링 캠프..선한 영향력 실천
2024 03 23	영웅시대 충북방, 충북장애인축구협회에 200만원 상당 삼다수 생수 기부
2024 03 20	영웅시대 웅바라기 스쿨, 소년예수의집에 기부..선한영향력 실천
2024 03 19	영웅시대 봉사나눔방 라온, 33번째 급식 봉사·기부..선한 영향력 실천
2024 03 15	영웅시대 위드히어로 울산따라따라, 500만원 기부
2024 03 14	부산영웅시대 스터디하우스 33차 정기 후원·도시락 나눔 봉사
2024 03 14	영웅시대 대구별빛스터디방 장기기증 희망등록 서약식
2024 03 13	영웅시대 위드히어로 부산남수해, 사랑의열매 1004만원 기부
2024 03 08	서울동북부 영웅시대, 사랑의열매 460만원 기부
2024 03 07	영웅바라기 서포터즈, 파주시 장애인 가정에 450만원 상당
	문화상품권 전달
2024 02 29	임영웅 ‘미국 할머니 팬’, 3.1절 맞아 초록우산 어린이재단 미화 1000달러
	기부
2024 02 26	영웅시대 대전충남, 네팔 어린이들에 700만원 상당 방한 물품 전달

2024 02 20   영웅시대 봉사나눔방 라온, 양평 로뎀의집 32번째 급식봉사·기부

2024 02 15   부산영웅시대 스터디하우스, 32차 정기 후원·도시락 나눔 봉사

2024 02 07   영웅시대 서부은평방, 취약계층에 1000만원 기부

2024 01 30   영웅시대 봉사나눔방 라온, 양평 로뎀의집 31번째 급식봉사·기부

2024 01 23   웅바라기스쿨, 사랑의달팽이 1117만 9000원 기부

2024 01 19   대구 영웅사랑봉사회, 중구청에 2.5kg 떡국 떡 100상자 이웃돕기성품 기탁

2024 01 12   영웅시대 서울2구역방, 사랑의열매 성금 1052만 3300원 기부

2024 01 11   부산영웅시대 스터디하우스, 33회차 정기봉사

2023 12 30   임히어로서포터즈, 사랑의열매 933만 기부

2023 12 29   영웅나라, 사랑의열매에 308만 원 상당 난방용품 기부

              영웅시대 위드히어로 대전·세종, 대전사회복지공동모금회에

              라면 2023개 기부

              영웅시대 전북별빛방, 청각장애인 수어교육비 565만 원 후원

2023 12 28   강원영웅시대, 강원적십자사에 700만 원 상당 전기요 등

              혹한기 지원물품 전달

              안산영웅시대, 중증장애시설 어린양의집에 155만 원 상당 물품 기부

2023 12 27   영웅시대 부천웅사랑방, 다함께돌봄센터 200만원 기부

2023 12 25   안동영웅시대 스터디방, 대한적십자사 경북지사에 사랑의 연탄 1000장 전달

              영웅시대 봉사나눔방 라온, 30번째 급식 봉사와·성탄 기부

2023 12 24   평택웅패밀리, 합정장애인단기보호센터에 350만원 후원

2023 12 23   임영웅 팬밴드 웅기종기, 한국지역복지봉사회에 성금 500만원

              전북영웅시대 전주영사모, 전주시건강가정지원센터 500만원 기부

              영웅시대 서산태안방, 성남보육원에 300만원 상당 겨울용품 기부

2023 12 22   영웅시대 창원경남웅사랑방, 대한적십자사 경남지사에 240만원 기부

2023 12 22	영웅시대 경주1방, 희망2024 나눔캠페인에 1230만원 상당 물품 전달
	영웅시대밴드(나눔모임), 중증장애인거주시설 평화의집 500만원 기부
	영웅시대밴드(나눔모임), 국제성모병원에 후원금 1000만원 기부
2023 12 21	영웅시대 별빛응바라기, 한부모가정에 200만원·쌀 20포 기부
	함께하는 영웅시대 경주방, 한부모가정·아동들 위해 370만원 기부
	영웅시대 위드히어로 강원, 초록우산 어린이재단에 400만 원 난방비 지원
2023 12 20	제천 영웅시대, 초록우산 충북지역본부에 300만 원 난방비·겨울용품 후원
2023 12 19	영웅시대 위드히어로 부산 금정산, 부산 사회복지공동모금회에 성금 300만원
	영웅바라기 서포터즈 파주시장애인종합복지관에 총 810만원 상당 후원품 기부
	영웅시대 위드히어로 대구·경북, 취약계층 위한 연탄 9600장 봉사
2023 12 18	영웅시대 대구별빛스터디방, D.F 장학회에 후원금 700만원
2023 12 16	영웅시대 전북, 전북척수장애인협회 402만원 기탁
	영웅시대 광주전남, 소아암 어린이 치료비 500만원 기부
2023 12 11	대구·포항 영웅시대 '영웅바라기', 포항 용흥동에 백미 10kg 40포기부
2023 12 06	부산영웅시대 스터디하우스, 부산연탄은행 300만 원 상당 연탄, 32차 정기봉사 후원금 70만 원 전달 특별 후원
	영웅시대 홍천방, '희망2024 나눔캠페인'에 성금 308만 원 기탁
2023 12 01	미국 할머니 팬 수태일러, 초록우산 세종지역본부에 1000달러 기부
	서울 동북부영웅시대, 노원교육복지재단 취약계층에 후원금 870만원·김장 봉사
2023 11 25	영웅시대 위드히어로 경기·서울, 고양시원당종압사회복지관에 쌀 500kg 기부

2023 11 22	웅빛나래방, 대구광역시달구벌종합복지관 저소득층 난방비 228만원 기부
2023 11 20	영웅시대 봉사나눔방 라온, '로뎀의집'에서 29번째 급식, 1600포기 김장 봉사
2023 11 15	수원밴드 영웅시대, '희망나무'로 선한 영향력 실천
2023 11 09	부산영웅시대 스터디하우스, 31번째 정기 후원·봉사..선한 영향력 실천
2023 10 26	제천영웅시대, 'Do or Die' 발매-전국투어 콘서트 기념 헌혈증 250장 기부
2023 10 24	영웅시대 봉사나눔방 라온, 양평 로뎀의집 28번째 급식봉사·기부
2023 10 21	임영웅 미국 영웅시대 회원, 순복음 뉴욕 교회 1000달러 기부
2023 10 12	부산영웅시대 스터디하우스 30차 정기 후원·봉사
2023 09 27	임영웅 '미국 할머니 팬' 수 테일러 여사, 추석 맞아 미화 1000달러 기부
2023 09 26	부산영웅시대 스터디하우스, 정기 후원·봉사..선한 영향력 실천
	영웅시대 안성·평택 회원들, 초록우산 어린이재단 200만원 상당 후원
2023 09 25	영웅시대 봉사나눔방 라온, 양평 로뎀의집 27번째 급식봉사·기부
2023 09 24	영웅시대 충북, 독거노인 위한 연탄 3400장(289만원 상당) 전달 봉사
2023 09 23	영웅시대 광전별빛방, 광주영아일시보호소에 기부금 305만원 전달
2023 08 28	영웅시대 봉사나눔방 라온, 양평 로뎀의집에서 26번째 급식 봉사·기부
2023 08 14	임영웅 데뷔 7주년 기념' 카페 지오에이티, '영웅시대' 이름으로 이벤트 수익금 300만 원 저소득 아동 위해 사랑의열매에 기부
2023 08 11	안산영웅시대, 중증장애인거주시설 강물 어린양의집에 135만여원 후원
2023 08 08	영웅시대 위드히어로 부산남수해, 취약계층 아동·청소년 장학금 808만원 기부
	영웅시대 위드히어로 대전·세종, 483만 원 대전사회복지공동모금회 기부
	영웅시대 위드히어로 강원, 초록우산어린이재단 700만원 기부
	영웅시대 위드히어로 울산따라따라, 어린이 수술비 808만원 기부
2023 08 07	서울동북부영웅시대, 서울장애인부모연대 노원지회 1564만원 기부

2023 08 05	영웅이를 사랑하는 전국구 누야들 팬모임,
	한부모가구 아동 후원금 550만원 동해시 기부
2023 08 04	LA 영웅시대, '임영웅 데뷔 7주년' 맞이 500만원 소아암재단에 기부
	부산영웅시대 스터디하우스, 부산연탄은행(밥상공동체)에 300만원 기부
2023 08 03	임히어로서포터즈 저소득층 여성 청소년에 500만원 상당 위생용품 기부
2023 07 27	영웅바라기 서포터즈, 파주시장애인종합복지관에 616만 원 상당 후원품
	전달
2023 07 24	임영웅 팬클럽 영웅시대 봉사나눔방 라온,
	양평 '로뎀의집'에 25번째 급식 봉사·기부
2023 07 21	영웅시대, 수해 복구 성금 4억원..임영웅·영웅시대 '그 가수에 그 팬
2023 07 13	부산영웅시대 스터디하우스 부산연탄은행에서 27회차 정기 봉사활동
2023 07 08	임영웅 美 영웅시대 회원, IPF에 2000달러 기부
2023 06 26	영웅시대 제주, 생일 기념 616만원 제주시여자단기청소년쉼터에 기부
2023 06 23	임영웅 팬밴드 웅기종기, 광명시립 하안노인종합복지관에 성금 570만원
	영웅시대 충북, 청주 8남매 아동을 위해 초록우산어린이재단에 후원금
	700만원 전달
2023 06 20	영웅시대 부산연합, 사랑의열매 부산사회복지공동모금회에 1420만원 기부
	서울동북부영웅시대 경복대 실용음악학과에 발전기부금 3500만원 전달
2023 06 17	영웅시대 위드히어로 제주, 제주 초록우산재단에 취약아동지원 200만원 후원
2023 06 16	임히어로 서포터즈, 희망브리지 전국재해구호협회와 결식 우려 아동 돕기
	봉사
	영웅시대 전북별빛방, (사)전라북도농아인협회에 청각장애인 750만원 후원
	영웅바라기 서포터즈, 파주시장애인종합복지관에 616만원 상당 물품 후원
	광주전남 영웅시대 보금자리, 초록우산 어린이재단 616만원 기부

| 2023 06 16 | 임영웅 팬클럽 시애틀 영웅시대, 포천시에 성금 300만원 |

2023 06 16   임영웅 팬클럽 시애틀 영웅시대, 포천시에 성금 300만원

영웅시대 위드히어로 대구·경북, 발달장애인 아동에 616만원 상당 축구화 후원

영웅시대, 임영웅 생일 기념 밀알복지재단 1394만 원 기부

강원 영웅시대, 취약계층 제빵·봉사원키트 제작 봉사활동

거제 영웅시대, 희망복지재단 330여만원 물품 기부

임히어로서포터즈, 저소득층 소녀들 위해 1000만원 기부

대구 영웅시대 투게더방, 경북대 어린이병원 300만원 기부

2023 06 15   철원백골 영웅시대, 불우이웃돕기 성금 300만원

영웅 진심방, 들꽃청소년세상에 171만원 기부

영웅시대 웅기종기, 한국지역복지봉사회 500만원 후원

영웅시대 위드 히어로 광주·전남, 여수시 616만원 기탁

성남영웅건행국, 한국여성의전화 822만원 기부

부산영웅시대 스터디하우스, 26회차 정기봉사·특별 성금 500만원 기부

영웅시대 구리·남양주 별빛히어로방, 다문화 가족 성금 310만원 기부

2023 06 14   영웅시대 위드히어로 강원, 한국백혈병환우회에 헌혈증 기증

영웅시대 나눔의 방, 홀트아동복지회 616만원 기부

영웅시대 위드히어로 경기3지부, 초록우산어린이재단 330만원 기부

포에버웅 스터디, 한국소아암재단에 616만원 기부

영웅시대 위드히어로 부산금정산, 사랑의열매 500만원 기부

영웅시대 봉사나눔방 라온, 로뎀의집 650만원 기부

영웅시대 대구 누부야방, 대구아동복지센터 400만원 기부

영웅시대 위드히어로 대전·세종, 이웃돕기 성금 616만원 기탁

영웅시대 진주, 장애인축구단에 380만원 상당 물품 후원

2023 06 13   영웅시대 창원경남웅사랑방, 적십자사 216만원 기부

영웅시대 위드히어로 서울경기, 사랑의열매 300만원 기부

웅바라기스쿨, 청각장애인 돕기 사랑의달팽이에 740만원 기부

영웅시대광전별빛방, 광주영아일시보호소에 200만원 상당 물품 전달

임영웅 네이버 공식 팬카페 영웅나라, 백골부대에 500만원 상당 위문품

영웅시대 어덕행덕방, 대한적십자사에 성금 400만원 기부

영웅시대 안동 스터디방, 제빵 나눔 봉사·성금 200만원 기부

2023 06 12   영웅시대 우리들 엔젤하우스에 300만원 기부

함께해요 안산 영웅시대, 희망을 파는 사람들 1130만원 기부

2023 06 11   영웅시대 The HERO Top 강원, 취약계층 여아청소년 후원금

315만 원과 85만 원 상당의 물품 후원

2023 06 10   남원·순창 영웅시대, 평화의집에 후원금 330만..사랑의 나눔

임영웅 영웅시대 밴드(나눔모임) 53번째 쪽방촌 도시락 봉사

2023 06 09   안산 영웅시대, 희망조약돌에 400만원 기부

영웅시대 with Hero광주전남, 여수시 저소득가구 위해 616만원 기탁

영웅시대 통영, 통영시청에 이웃돕기 성금 500만원

영웅시대 대구별빛스터디방, 취약계층환자 의료비 900만원 기부

임영웅 美 할머니 팬 수태일러, 저소득 아동에 2000달러 기부.

연천영웅시대, 연천군에 300만원 기부

2023 06 08   영웅시대 광주전남, 소아암 어린이 치료비 500만원 기부

영웅시대 전북, 익산시에 616만원 기부

2023 06 07   영웅시대밴드(나눔모임) 국제성모병원에 1000만원 기부

2023 06 06   평택웅패밀리, 평택북부장애인복지관에 300만원 상당 후원품

2023 06 05   영웅시대 봉사나눔방 라온, 생일기념 720만원 후원

2023 06 02　　영웅시대 HERO 초심방, 들꽃청소년세상 900만원 기부

2023 06 01　　대구·포항 영웅시대 영웅바라기, 동구청에 300만원 상당 물품 기부

　　　　　　　영웅시대 광주전남, 이화영아원 250만원 후원

2023 05 30　　영웅시대밴드(나눔모임), 평화의집 700만원 기부

2023 05 26　　영주 예천 영웅시대, 영주종합사회복지관 봉사와 빵과 음료 기부

2023 05 19　　시드니 영웅시대, 호주밀알장애인선교회에 성금 1616 호주 달러 기부

2023 05 12　　영웅시대 아이돌차트 응원방 한국입양홍보회 370만원 기부

2023 05 11　　부산영웅시대 스터디하우스 25회차 정기봉사..선한 영향력 실천

2023 04 25　　영웅시대 봉사나눔방 라온 22번째 급식 봉사..선한 영향력 실천

2023 04 24　　영웅시대 위드히어로 강원, 강릉 산불피해 이웃돕기 500만원 기부

2023 04 18　　영웅시대 웅바라기스쿨 청소년 희망나눔에 정기후원..선한 영향력 실천

2023 04 13　　부산영웅시대 스터디하우스, 부산연탄은행(밥상공동체)에서 24번째 정기 봉사

2023 03 29　　영웅시대 안동스터디방, 제빵봉사. 선한 영향력 실천

2023 03 28　　영웅시대 봉사나눔방 라온, 로뎀의집에서 21번째 급식 봉사

2023 03 24　　영웅바라기 서포터즈, 350만원 상당 물품 파주시장애인종합복지관 기부

2023 03 18　　미국 영웅시대, 순복음 뉴욕 교회 1000달러 기부

2023 03 17　　영웅시대 서울2구역방, 튀르키예·시리아 지진 피해 지원 1201만원 기부

2023 03 15　　영웅시대 위드히어로 부산남수해, 사랑의열매 1004만원 기부

2023 03 14　　영웅시대 위드히어로 울산 울산따라따라, 사랑의열매에 314만원 기부

2023 03 08　　부산영웅시대 스터디하우스, 부산연탄은행 23회차 정기 봉사

2023 03 02　　영웅시대 위드히어로 강원, 지역사회 초청 상영회 봉사

2023 02 28　　임히어로 서포터즈, 튀르키예 돕기 700만원 성금

　　　　　　　영웅시대 봉사나눔방 라온, 로뎀의집 19번째 봉사

　　　　　　　영웅시대 밴드(나눔모임), 포천 고향사랑기부제 동참

2023 02 16	영웅시대 위드히어로 경기2방, 안양시 대한적십자사 300만원 기부
2023 02 13	영웅시대 위드히어로 대구·경북, 1300만원 상당 영양꾸러미 돌봄 어르신 지원
	영웅시대 위드히어로 대전·세종, 대전사회복지공동모금에 500만원 상당 의류
2023 02 10	임영웅 영웅시대 밴드(나눔모임), 47번째 쪽방촌 도시락 봉사
2023 02 09	임영웅 부산영웅시대 스터디하우스, 정기 봉사활동 선한 영향력 실천
2023 02 06	영웅시대 춘천 핑크 웅사랑방, 적십자사 300만원 기부
2023 02 03	대전·충남 영웅시대, 네팔 아이들에 500만원 상당 물품 전달
2023 01 25	제천 영웅시대, 드림스타트 가정에 난방비 300만원 지원
2023 01 20	영웅시대 위드히어로 경기·서울, 행복나눔재단 300만원 기부
2023 01 18	영웅시대 안동스터디방, 취약계층 제빵봉사..선한 영향력 실천
2023 01 17	임영웅 영웅시대 봉사나눔방 라온, 로뎀의집 급식봉사
2023 01 14	대구 영웅시대 투게더방, 북구청에 저소득층 아동 후원금 500만원
2023 01 13	합천 영웅시대, 합천읍사무소에 이웃돕기 성금 120만원
	부산영웅시대 스터디하우스, 1월 정기 봉사..선한 영향력 실천 앞장
	임영웅 영웅시대(나눔모임), 46번째 쪽방촌 도시락 봉사
2023 01 12	임영웅 미국 할머니 팬, 초록우산 어린이재단 세종지역본부에 후원금 1000달러
2023 01 11	충주 영웅시대, 충주종합사회복지관 취약계층에 350만원 상당 간편식 기탁
	부산 MY HERO 스터디방, 부산사회복지공동모금회 이웃돕기성금 700만원
2023 01 06	영웅시대 전북별빛방, 미혼모 자립 후원금 750만원 기부
2023 01 05	임영웅 영웅시대 경기동부지역방, 취약계층 400만 후원
	영웅시대 서울1구역방, 새해 첫 서울 나눔리더스클럽 가입

2023 01 05	영웅시대 서울3방, 아동·청소년 후원금 1000만원 희망을 파는 사람들 기부
2023 01 03	임영웅 서울동북부 영웅시대, 포천시 취약계층에 1678만원 기부
	영웅시대 서울 은평방, 은평구청 저소득 가구에 530만원 기부
	경북영웅시대, '사랑의 보일러' 기부
2023 01 02	임영웅 네이버 공식 팬카페 영웅나라, 사랑의열매 250만원 상당 물품 기부
	영웅시대 창원경남웅사랑방, 적십자사 223만원 기부
2022 12 30	영웅시대 위드히어로 경기·서울, 사랑의열매 250만 원 성금
	광주전남 영웅시대, 보금자리방 광주영신원 돌봄아동에 110만원 기부
2022 12 29	안산영웅시대 중증장애시설 어린양의집 139만원 상당 물품 기부
2022 12 26	영웅시대 전북방, 척수장애인협회 200만원 기부
2022 12 25	영웅시대 봉사나눔방 라온, 로뎀의집 18번째 봉사..따뜻한 나눔
2022 12 24	영웅시대 위드히어로 강원, 초록우산 어린이재단 400만원 후원
	임히어로 서포터즈, 시설보호 아동·청소년에 1000만원 기부
2022 12 23	영웅시대 광주전남, 한국백혈병어린이재단에 1500만원 기부
	충북제천영웅시대, 초록우산어린이재단 300만원 후원
	강원영웅시대, 성탄절 맞아 취약계층에 선물꾸러미.
2022 12 21	충북영웅시대 초록우산어린이재단 830만원 기부
	영웅시대밴드(나눔모임), 세브란스 어린이병원 1000만원 기부
	영웅시대 울산, 미혼모의집 물푸레 150만원 상당 김장·과일 기부
2022 12 20	전주영사모 건강가정지원센터 500만원 후원
2022 12 18	평택웅패밀리, 한사랑쉼터 300만원 기부
	대구 누부야방 연탄 3천장 기부·봉사
2022 12 17	영웅바라기 서포터즈, 장애인복지관 차량구입대금 1650만원 후원
	영웅사랑방, 포천시에 취약 아동 생계비 150만원 지원

2022 12 17   대구·포항 영웅시대 영웅바라기, 300만원 상당 물품 기부

2022 12 16   HERO 초심방, 들꽃청소년세상 800만원 기부

부산영웅시대 스터디하우스, 부산연탄은행 570만원 기부

2022 12 14   영웅시대 벤드 나눔모임, 평화의 집에 700만원 기부

2022 12 13   영웅시대 웅바라기스쿨 사랑의 달팽이 741만원 기부

2022 12 11   미국 플로리다 거주 오선종씨, 가톨릭사랑평화의집에 200만원 기부

2022 12 09   영웅시대(나눔모임), 45번째 쪽방촌 도시락 봉사

2022 12 08   영웅시대 부천 서포터즈 사랑의열매 500만원 기부

2022 12 07   영웅시대 봉사나눔방 라온, 희망을파는사람들에 572만원 기부

영웅시대 서울4구역, 서울사회복지공동모금회에 건행 장학금 1200만원

기탁 영웅시대 포에버웅 스터디, 한국소아암재단 1179만원 후원

2022 11 28   영웅시대 경기북부(고양, 김포, 파주), 서울 사회복지공동모금회에 500만

원 기부

영웅시대 봉사나눔방 라온, 양평 로뎀의집에서 17번째 김장 봉사·기부

2022 11 20   영웅시대 경기남부방, 이삭장애인자립생활센터에 김장김치 200포기 봉사

2022 11 11   영웅시대밴드(나눔모임), 43번째 쪽방촌 도시락 봉사

2022 11 09   임영웅 팬클럽 임히어로서포터즈, 포천시 행복한 우리집에 750만원 기부

2022 10 23   영웅시대 구리·남양주 별빛히어로, 성모자애드림힐에 600만원 상당 물품

기부

2022 10 19   영웅시대 봉사나눔방 라온, 로뎀의집에서 열여섯 번째 봉사와 기부

2022 10 14   영웅시대밴드 (나눔모임), 42번째 쪽방촌 도시락 봉사

2022 10 13   부산영웅시대 스터디하우스, 부산연탄은행(밥상공동체)에서 18회차 정기

봉사

2022 09 20   영웅시대 봉사나눔방 라온, 15번째 봉사활동

2022 09 18	영웅시대밴드(나눔모임), 가톨릭사랑평화의집 41번째 쪽방촌 도시락 봉사
2022 09 15	부산 스터디하우스, 부산연탄은행에 추석 특별 후원금 100만 원과 정기 봉사
2022 09 09	영웅시대밴드(나눔모임), 40번째 쪽방촌 도시락 봉사
2022 09 08	안산영웅시대, 어린양의집 물품 기부
2022 09 04	영웅시대 제주, 제주시남자중장기청소년쉼터에 600만원 기탁
2022 09 01	HERO 초심방 (사)들꽃청소년세상에 1006만원 기부
	영웅시대 전북방, 척수장애인협회 465만원 후원
2022 08 24	영웅시대 회원 김인선 서울육개장, 사랑의열매에 108만 원 상당 육개장과 밑반찬 195통 지원
2022 08 23	영웅시대 부산, 1153만원 희망을 파는 사람들 기부
2022 08 17	영웅시대 위드히어로 광주·전남, 500만원 목포시 기탁
	시애틀 영웅시대, 성금 500만원 포천시 기탁
2022 08 12	영웅시대밴드(나눔모임), 가톨릭사랑평화의집 38번째 쪽방촌 도시락 봉사
	임영웅 팬카페 영웅나라, 300만원 상당 생필품 사랑의열매 기부
2022 08 11	부산영웅시대 스터디하우스, 부산연탄은행 정기 봉사
2022 08 09	영웅시대 withHero 제주, 제주종합사회복지관에 200만원 기부
	영웅시대 서산·태안 지역방, 서산시청에 서큘레이터 20대 기부
2022 08 08	영웅바라기 서포터즈, 파주시장애인종합복지관에 530만원 상당 생필품 후원
	영웅시대 경기동부지역방, 남양주시복지재단에 400만원 기부
	거제 영웅시대, 거제시희망복지재단에 180만원 상당 물품 기부
	영웅시대 인천응원방, 연수구에 500만원 상당 쌀 기부
	미국 영웅시대 회원, 방글라데시 어린이들 위해 2000달러 기부
	영웅시대 부산 MY HERO 스터디, 초록우산 어린이재단 500만원 기부
	부산영웅시대 스터디하우스, 부산연탄은행 300만원 기부

2022 08 08	영웅시대 위드히어로 부산금정산, 부산사회복지공동모금회 400만원 기부
2022 08 07	영웅시대 위드히어로 대전·세종, 대전사회복지공동모금회 131만원 기탁
2022 08 06	영웅시대 울산, 미혼모의 집 물푸레에 270만원 상당 현금·물품 기부
	임영웅 팬클럽 영웅시대 With Hero 부산남수해 700만원 기부
2022 08 05	서울 동북부 영웅시대, 임영웅 모교 포천 동남고에 장학금 1000만원 전달
	영웅시대 위드히어로 강원, 초록우산어린이재단 500만원 후원
	영웅시대 위드히어로 울산 울산따라따라, 사랑의열매 808만원 기부
	영웅시대 부천서포터즈, 희망을 파는 사람들에 1000만원 기부
2022 08 04	영웅시대 창원, 대한적십자사 경남지사 ‘사랑의 빵나눔’ 기부금 240만 원 전달
	포버웅 스터디. 초록우산 어린이재단에 1200만원 기부
	영웅시대밴드(나눔모임), 넥슨 어린이 재활병원 1248만원 기부
2022 08 02	임히어로 서포터즈, 서울 사회복지공동모금회 백혈병 환아 지원 1천만원 기부
	영웅시대밴드(나눔모임), 중증장애인거주시설 621만원 기부
2022 07 27	대구 위시카페(WISH), 대한적십자사 대구지사 ‘사랑의 빵나눔’ 봉사
2022 07 23	영웅시대 봉사나눔방 라온, 로뎀의집 13번째 봉사
2022 07 21	안산 영웅시대, 중증장애시설 어린양의집 물놀이 이벤트 진행
2022 07 20	창원 카페 모퉁이, 독거 노인 위한 106만원 상당 삼계탕 기부
2022 07 19	영웅시대 광주·전남, 700만 원 상당 덴탈마스크 1400상자 기부
2022 07 14	부산 영웅시대 스터디하우스, 부산연탄은행에서 도시락 나눔봉사
2022 06 30	영웅시대 봉사나눔방 라온, 로뎀의집 12번째 봉사
2022 06 29	카페 지오에이티, 운영 수익금 500만원 서울사회복지공동모금회 기부
2022 06 28	영웅바라기 서포터즈, 파주시장애인종합복지관 780만원 상당 압력밥솥 60개 전달

2022 06 23	영웅시대 광주전남, 광주장애인총연합회에 300만원 상당 덴탈마스크 600 상자 전달

2022 06 23　　영웅시대 광주전남, 광주장애인총연합회에 300만원 상당 덴탈마스크 600

　　　　　　　상자 전달

　　　　　　　안산별빛 영웅시대, 안산평화의집에 367만 7000원 상당 생필품 후원

2022 06 22　　영웅시대 전북별빛방, 미혼모 보호시설 "기쁨누리의집"에 540여만원 후원

　　　　　　　영웅시대 통영, 아름다운가게 통영중앙점에 조손가정 위한 물품 616점 기부

2022 06 20　　충북 영웅시대, 선천성 청각장애 가족에 1천만원 기부

2022 06 16　　강원 영웅시대, 대한적십자사 강원도지사 취약계층에 이불 기부

　　　　　　　강원 영웅시대, 장애인 축구선수들에 320만원 기부

　　　　　　　광주전남 별빛스터디방, 616만원 상당 물품 초록우산어린이재단 기부

　　　　　　　영웅시대 나눔의 방, 홀트아동복지회 위기가정아동에 '616만원 기부'

　　　　　　　영웅시대 대구 누부야방, 자용모자복지관 330만원 상당 물품 기부

　　　　　　　철원백골 영웅시대, 철원읍 읍사무소 불우이웃돕기 성금 200만원

　　　　　　　웅기종기 임영웅 밴드, 한국지역복지봉사회 532만원 기부

　　　　　　　영웅시대 광주전남, 한국백혈병어린이재단 소아암 어린이 치료비 1천만원

　　　　　　　기부

　　　　　　　영웅시대 웅바라기스쿨, 사랑의달팽이 843만원 기부

　　　　　　　영웅시대 해외 스터디방, 한국소아암재단 500만원 후원

　　　　　　　영웅시대 대구.경북 포항방, 양학동행정복지센터 200여만원 상당 여성용

　　　　　　　품·마스크 기탁

2022 06 15　　영웅시대 나눔의 방, 생일 기념 홀트아동복지회 616만원 '기부'

　　　　　　　영웅시대 전국 팬클럽(구.서경방), 포천 소흘읍에 장학금 전달

　　　　　　　영웅시대 회원 창원 서울육개장, 경남사회복지공동모금회에 108만 원 상당

　　　　　　　육개장과 밑반찬 195통 독거노인, 장애인 지원

　　　　　　　임영웅 팬카페 영웅나라, 백골부대에 600만원 상당 복지물품 지원

2022 06 15	임히어로 서포터즈, 사랑의열매 500만원 기부
2022 06 14	영웅시대 위드히어로 대전·세종, 사랑의열매 성금 616만 원과 돼지 저금통 (121여만원)기부
	진주 영웅시대, 616여만원 상당 물품 진주시복지재단 기탁
	평택 영웅시대, 웅패밀리, 사회복지법인 연꽃마을에 226만원을 기부
	전국 영웅시대 응원방, 들꽃청소년세상에 200만원 기부
2022 06 12	안동 영웅시대, 굿네이버스 201만 4081원을 기부
2022 06 11	서울동북부 영웅시대, 성모자애드림힐에 630만원 기부
	영웅사랑 포에버, 동두천시 애인아동복지센터에 200만원 상당 물품 기부
	영웅시대 위드히어로 강원, 초록우산 어린이재단에 장학금 장학금 616만원 기부
2022 06 09	안산 영웅시대, 지파운데이션에 여성용품 370만 228원 기부
	부산 영웅시대 스터디하우스, 부산연탄은행에서 도시락나눔 봉사
2022 06 08	영웅시대 영웅바라기, 대구 남구청 250만원 상당 물티슈 기부
	영웅사랑방, 경기사회복지공동모금회에 취약 아동 생계비200만원 지원
	영웅시대 밴드 나눔모임, 세브란스 어린이병원 1200만원 기부
2022 06 07	HERO 초심방 (사)들꽃청소년세상 1006만원 기부
2022 06 06	영웅시대 안동스터디방, 대한적십자사 경북지사 제빵 봉사
2022 06 05	영웅시대 위드히어로 대구·경북, 성서종합사회복지관에서 1300만 원 상당 도시락 후원
2022 06 02	영웅시대 봉사나눔방 라온, 양평 로뎀의집에 460만원 상당 물품 후원
2022 05 28	안산영웅시대, 희망을 파는 사람들에 캄보디아 식수지원을 위한 귓전수 우물 기부
2022 04 23	영웅시대 회원 김인선 씨, (창원 서울육개장 대표), 성산구에 108만 원 상당 육개장 및 밑반찬 195통을 지원

| 2022 03 25 | 부산영웅시대 스터디하우스, 해운대수목원 안심이 테이블 기증 |

2022 03 25   부산영웅시대 스터디하우스, 해운대수목원 안심이 테이블 기증

2022 03 23   영웅시대 위드히어로 부산남수해, 해운대수목원에 안심테이블 기부

2022 03 22   영웅사랑 포천누나들, 산불피해 성금 150만 원 대한적십자사에 기탁

2022 03 17   영웅시대 위드히어로 부산금정산, 산불피해 복구 성금 300만원 기부

2022 03 16   영웅시대 위드히어로 경기1.6.7.서경밴드, 산불 피해 돕기 700만원 기부

영웅시대 창원, 산불 피해 돕기 500만 원과 100만 원 상당 생수 1500개 기부

영웅시대 위드히어로 부산남수해, 경북·강원 산불 피해 돕기 500만 원 기부

2022 03 15   임히어로서포터즈, 산불피해 이재민·우크라 난민 돕기 983만 367원 기부

영웅시대 위드히어로 울산 울산따라따라, 산불 피해 이재민 돕기 314만 원 기부

2022 03 11   영웅시대 위드히어로 광전방, 한국백혈병환우회에 후원금 100만원 기부

영웅시대, 사랑의열매 사회복지공동모금회 산불 피해 구호 2억 6천만원 기부

부산 영웅시대 young_心방, 산불 피해 돕기 300만 원 기부

2022 03 07   영웅시대 해어화, 포천시청 1070만 원 상당 건강기능식품 100세트와 라면 100상자 기부

2022 02 17   창원 서울육개장 김인선 대표, 성산구에 102만 원 상당 육개장 및 밑반찬 195통 지원

2022 02 07   영웅시대 위드피어로 서울·경기, 초록우산어린이재단에 2059만 100원 후원

2022 01 29   영웅시대 전국 팬클럽(구 서경방), 사단법인 좋은변화와 서울역 쪽방촌 도시락 봉사

영웅시대 시흥사랑, 나눔자리문화공동체 도시락 나눔 봉사

2022 01 28	대구 위시카페, 대구 북구청에 떡국 150만원 상당 600인분 기탁
2022 01 27	영웅사랑 포천누나들, 사랑나눔 반찬봉사회 독거노인을 위한 담요 26인분 전달
2022 01 03	영웅시대 전국 팬클럽(구 서경방), 사단법인 좋은변화 학대피해아동 심리안정 지원
2022 01 01	영웅시대 하와이팬(인순), 가톨릭사랑평화의집에 200만 원을 기부
2021 12 31	영웅시대 경기동부지역방, 남양주시복지재단에 연탄 5000장 후원
2021 12 30	부산영웅시대 플라워카페 난솔(갤러리), 남구청에 이웃돕기 성금 201만 199원 기탁
2021 12 25	영웅시대 제주방, 우리동네지역아동센터협의회에 670만 원 상당 물품 후원
2021 12 24	임영웅 팬 창원 서울육개장 김인선 대표, 성산구에 102만 원 상당 육개장 및 밑반찬 195통 지원
	임히어로서포터즈, 영유아어린이 보호시설 경동원에 크리스마스 선물
	영웅시대 위드히어로 경기1.6.7.서경밴드, 종로구 "벤치 더 놓기" 프로젝트
	영웅시대 평택 웅패밀리, 사회복지법인 연꽃마을에 413만원 기부
2021 12 23	영웅시대 위드히어로 강원, 초록우산 어린이재단 300만원 기부
	영웅시대 위드히어로 제주, 한국백혈병소아암협회에 저금통 55개와 후원금 50만원 기부
2021 12 23	카페 웅이나무, 한부모가정·조손가정에 405만원 상당 생필품 전달
2021 12 22	영웅시대 안동스터디방, 경북적십자사에 100만 원 상당 연탄 1280장, 성금 200만 원 기부
	영웅시대 아이돌차트 회원, 홀트아동복지회 507만원 기부
	안산영웅시대, 안산제일복지재단 어린양의집에 94만 9580원 상당 물품 기부

| 2021 12 22 | 영웅시대 웅기종기, 한국지역복지봉사회에 500만원 기부 |

2021 12 22　　영웅시대 웅기종기, 한국지역복지봉사회에 500만원 기부

영웅사랑 포천누나들, 아동복지시설 엘바인하우스에 160만원 상당 운동화 선물

영웅시대 전북별빛방, 미혼모 보호시설 "기쁨누리의집" 후원금 564만원 기부

2021 12 21　　영웅시대, 온라인 기부 플랫폼 해피빈을 통해 모은 4130만원을 기부

영웅시대 웅덕행덕방, NGO 지파운데이션에 1200만 원 상당 물품 후원

영웅시대 전국 팬클럽(구 서경방), 좋은변화에 후원금 815만 1621원 전달

영웅시대 서울2구역방, 1105만원 사랑의열매 기부

영웅시대 소모임 HERO 사랑방, 주사랑공동체에 60만 원 후원

영웅시대 부산 웅리버, 부산사회복지공동 모금회에 1006만 7895원 기부

2021 12 20　　웅바라기스쿨, 사랑의 달팽이에 608만원 기부

영웅시대 봉사나눔방 라온, 양평 중증장애인 거주시설 로뎀의 집 급식 봉사

2021 12 19　　포항·대구 영웅바라기, 포항 한가족요양원에 전동침대 등 기부

영웅시대 대구 누부야방, 달서구청 저소득 가정 300만 원 상당 연탄 4000장 기부

2021 12 18　　영웅시대 회원 오선종 씨(미국 플로리다 거주, 미국명 써니), 천주교서울대교구 가톨릭사랑평화의집에 200만 원 기부

2021 12 17　　영웅시대 소모임 영웅사랑방, 포천시 저소득 한부모가정 지원 150만 원 성금

서울 동북부 영웅시대, 노원구 자애종합복지원 성모자애드림힐에 288만원 기부

서울 동북부 영웅시대, 서울 수락양로원에 150만원 상당 물품 기부

대구·포항 영웅시대 영웅바라기, 대구 남구청에 200만원 생필품 기부

2021 12 16　　임히어로서포터즈, 경기사회복지공동모금회에 900만원 기부

부산 영웅시대 스터디하우스, 부산연탄은행에 연탄 2500장 기부

2021 12 16	영웅시대 웅벤져스 경기모임, 미혼한부모가정에 500만원 기부
2021 12 15	영웅시대 전국연합 경기북부, 파주 독거노인 위한 580만원 상당 생필품 지원
	영웅시대 HERO 초심방, 서울사회복지공동모금회 한부모가정에 700만원 기부
2021 12 14	영웅시대밴드(나눔모임), 세브란스 어린이병원에 1천만원 기부
2021 12 12	밀양 영웅시대, 밀양시다문화가족지원센터에 200만 원 상당 연탄 2500장 기부
2021 12 11	영웅시대 부산 MyHero스터디방, 북구청에 300만원 상당 쌀 100포대 기부
2021 12 10	영웅시대밴드(나눔모임), 가톨릭사랑평화의집 28번째 쪽방촌 도시락 봉사
2021 12 08	영웅시대 창원 서포터즈, 사랑의 김장 담그기·기부
2021 12 07	순천 영웅시대, 순천시 이웃돕기 282만 원 후원금
2021 12 06	네이버 공식카페 영웅나라, 백골부대에 645만원 상당 체육용품 기증
2021 12 05	영웅시대 부천 서포터즈, 국제구호개발NGO월드비전에 기부금 500만원 전달
2021 11 29	영웅시대 울산, 미혼모의집 물푸레에 사랑의 김장 나눔, 300만 원 기부
2021 11 27	봉사소모임 HERO 사랑방, 고양시 고양동 행정복지센터 350kg의 김치 나눔 봉사
2021 11 25	임영웅 팬클럽 영웅시대우리들, 밀알복지재단에 360만원 기부
2021 11 20	영웅시대 서울4구역 응원방, 서울연탄은행에 400만 원 상당 연탄 6250장 기부
2021 11 13	영웅시대 밴드(나눔모임), 가톨릭사랑평화의집 26번째 쪽방촌 봉사
2021 11 12	부산 영웅시대 스터디하우스, 부산연탄은행 급식 나눔+ 50만원 후원
2021 10 31	영웅시대 경기북부사랑방봉사단, 양주 장애인복지시설 사랑의 음악회
2021 10 19	영웅시대 위드히어로 경기1·6·7·서경, 적십자사 400만 원 상당 기부

2021 10 15	영웅시대밴드(나눔모임), 25번째 쪽방촌 도시락 봉사
	충북영웅시대, 충북연탄은행에 300만 원 상당 연탄 3750장 기부
2021 10 07	임히어로서포터즈, 고양 벧엘의집 240만 원 상당 마스크 1만 2000장 기부
2021 10 02	영웅시대 소모임 히어로사랑방, 베이비박스 아기·미혼부모들 위한 60만 원 기부
2021 09 20	안산 영웅시대, 중증 장애인시설 어린양의집 생필품·송편 등 전달
2021 09 19	영웅시대밴드(나눔모임), 가톨릭사랑평화의집에서 스물네 번째 도시락 봉사
2021 09 18	영웅시대 위드히어로 경기1·6·7·서경, 초록우산어린이재단에 후원금 253만 680원과 어린이용 마스크 5000장 기부
2021 09 18	영웅시대 울산, 미혼모의집 물푸레에 60만 원 상당 과일 전달
2021 09 14	임히어로서포터즈, 경기북부사랑의열매에 3000만 원 상당 마스크 10만 장 기부
2021 09 13	'가슴은 알죠' 가수 나예원, 라이브방송 수익금 전액 영웅시대 기부
2021 09 11	영웅시대 별빛 히어로, 희망조약돌에 600만원 상당 물품 후원
	임히어로 서포터즈, 수원 사회복지법인 경동원 기부금 300만 원, 200만 원 상당 영유아 마스크 2950장 기부
2021 09 10	시흥사랑 영웅시대, 시흥 나눔자리문화공동체 반찬나눔, 100만원 후원
2021 08 25	영웅시대 위드히어로 제주, 백혈병소아암협회에 헌혈증 88매, 장애인종합복지관에 여성용품 1만 1200매, 여성용품 파우치 100개 전달
	임영웅 팬클럽 영웅시대, 난치병 어린이돕기 380만 원 기부
2021 08 24	영웅시대와 회와초(히어로), 광명희망나누기운동본부에 100만원 기탁
2021 08 23	임히어로서포터즈, 경복대·한국장애인부모회에 700만원 상당 마스크 기부
2021 08 20	영웅시대 위드히어로 김해, 경남사회복지공동모금회 350만원 기부
2021 08 18	영웅시대 창원, 대한적십자사 경남지사 의료진 간식 지원금 500만원 기부

2021 08 12	대구 위시카페, 중구청 이웃돕기 성금 100만 원 기탁
2021 08 11	영웅시대 위드히어로 경기1·6·7·서경, 카페이벤트 모은 500만 기부
2021 08 09	영웅시대 위드히어로 강원, 강원사회복지공동모금회에 500만원 기부
	합천 영웅시대, 합천읍 사무소 70만 원 상당 쌀 20포 기탁
	영웅시대 부산 MyHero, 부산 북구청 마스크 3000장 지원
2021 08 08	평택 영웅시대 웅패밀리, 평택 한사랑쉼터 306만원 기부
	임영웅 팬모임 웅그리나, 보육원에 205만원 기부
2021 08 07	영웅시대 안동스터디방, 사랑의 제빵 나눔 봉사
	영웅시대 위드히어로 경기1·6·7·서경, 종로구 '벤치 더 놓기' 프로젝트 880만원 기부
	영웅시대 위드히어로 울산따라따라, 울산사회복지공동모급회 500만원 기부
	영웅시대 경기남부방, 팬클럽 회원 지체장애인 1급 정 모씨, NGO 희망을 파는사람들에 500만 원 기부
2021 08 06	영웅시대 위드히어로 부산금정산, 금정구청 이웃돕기성금 400만원 기탁
	영웅시대 우리들, 밀알복지재단 315만원 기부
	영웅시대 위드히어로 부산남수해, 사랑의열매 808만원 기부
	임히어로 서포터즈, 경기사회복지공동모금회에 1200만원 기부
	충북 영웅시대, 충북 초록우산어린이재단 500만원 기부
2021 08 05	영웅시대 서울2구역, 서울적십자사에 성금 500만원 기부
2021 08 04	영웅시대 경기북부, 일산백병원 의료진에 413만원 상당 물품 기부
2021 08 03	네이버 팬카페 The 히어로, 사랑의 달팽이 1500만원 기부
	영웅시대 부산연합, 새길동공체 누림터에 700만원 기부
	영웅이를 사랑하는 전국구 누야들 팬모임, 목포복지재단에 504만194원 기부

2021 08 02	영웅시대 서울1구역, 희망조약돌에 808만원 기부
	영웅시대 밴드(나눔모임), 사랑의열매 2135만원 상당 기부
2021 08 01	임히어로 서포터즈, 경기도내 축구클럽에 장학금 600만 전달
2021 07 31	영웅시대 HERO 사랑방, 미리내공동체 짜장, 보디워시 물품 후원
2021 07 22	영웅시대 위드히어로 전북, 초록우산어린이재단 616만 원의 후원
2021 07 18	영웅시대 밴드(나눔모임), 스물 한번째 쪽방촌 도시락 봉사 활동
2021 07 13	네이버 팬카페 영웅나라, 희망조약돌에 310만 원 상당 수박과 마스크
	1000장 기부
2021 07 09	영웅시대밴드(나눔모임), 20번째 쪽방촌 도시락 봉사 활동
2021 07 02	대구 위시(WISH)카페, 대구 중구청 100만원 기탁
2021 06 29	영웅시대 제주, 홍익영아원 300만 원 상당 세탁기 등 기부
2021 06 26	영웅시대 위드히어로 대구·경북, 초록우산 어린이재단 744만 7200원
	기부
2021 06 24	영웅시대 시흥사랑, 시흥 나눔을 더하는 밑반찬도시락 봉사 및 100만원
	후원
2021 06 16	영웅시대 위드히어로 대전·세종, 대전사회복지공동모금회 616만 원 기부
	임영웅 팬카페 영웅사랑, 초록우산어린이재단 632만원 후원
	영웅시대 위드히어로 광주·전남, 임영웅 생일 기념 헌혈 봉사
2021 06 15	영웅시대 위드히어로 제주, ‘띠앗합창단’에 마스크 2100매 기부
	영웅시대 위드히어로 광주·전남, 초록우산 어린이재단 616만원 기부
	영웅시대 나눔의 방, 희망조약돌에 후원금 400만 원 기탁
	영웅시대 위드히어로 경기 1·6·7·서경, 종로구 ‘임영웅 벤치’ 기부
	영웅시대 위드히어로 인천, 초록우산어린이재단에 616만원 기부
	영웅지킴이 특별응원방, 홀트아동복지회에 후원금 626만 1000원 기부

2021 06 14 네이버 공식카페 영웅나라, 희망조약돌에 430만원 기부

영웅시대 충남 연합응원방, NGO 희망을 파는 사람들 214만 6400원을 기부

2021 06 13 영웅시대 위드히어로, 생일 기념 3000만원 모금, 별빛정원 조성

2021 06 12 영웅시대 어메이징 영시, 부산사회복지공동모금회 한부모가정돕기 300만 원 기부

2021 06 11 영웅시대밴드(나눔모임), 19번째 쪽방촌 도시락 봉사

영웅시대 HERO 사랑방, 베이비박스 운영 단체 물품 후원

영웅시대 경남방, 고성군청 250만 원 상당 물품 기탁

영웅시대 안동스터디방, 정십자사 200만원 기부+ 제빵봉사+ 헌혈증기부

2021 06 10 영웅시대밴드(나눔모임), 캄보디아 정글숲 학교만들기 후원 1124만원 기부

영웅시대, 서울 사회복지공동모금회 3700만원 기부

2021 06 09 영웅시대 HERO 진주, 모자(母子)보호시설에 250만원 상당 물품 기부

2021 06 08 서울 동북부 영웅시대, 노원구 시립수락양로원 150만원 상당 물품 기부

영웅시대 부산영웅홀릭, 부산 남구청 이웃돕기성금 400만 원 기부

대구·경북(포항) 영웅시대 영웅바라기, 대구 남구청 200만원 상당 생필품 전달

영웅시대 부천서포터즈, 부천희망재단 500만원 기부

2021 06 05 영웅시대 위드히어로 강원, 616만원 기부+쓰담달리기+헌혈

안산 영웅시대, 조손가정 생활안정 지원 386만 4491원 기부

영웅시대 울산, 미혼모의 집 물푸레에 400만원을 기부

2021 06 04 영웅바라기 서포터즈, 파주시장애인종합복지관 600만원 상당 공기청정기 후원

밴드 웅기종기, 포천 보육원에 300만원 기부

2021 06 03   영웅시대 충남별빛방, NGO 희망을파는사람들에 199만 1616원 전달

영웅시대 영웅사랑방, 포천 취약계층 아동 지원 성금 200만 원을 기부 기탁

HERO 초심방, 서울사랑의 열매 520만원 기부

대구 위시(WISH)카페, 중구청에 이웃돕기 성금 100만원 기탁

영웅시대 전북 응원방, 미혼모 자립 위한 기부금 616만원 전달

영웅시대 충북, 300만원 상당 '사랑의 선풍기' 100대 기탁

영웅시대밴드(나눔모임), 세브란스병원에 1232만원 기부

2021 06 02   영웅시대 창원 서포터즈방, 330만원 상당 생리대 616개 기부

영웅시대 안산 임영웅밴드, 안산 와동행정복지센터 405만원 상당의

10kg 쌀 90포대와 20개들이 라면 90상자 전달

영웅시대 with Hero 대전·세종, 한부모가정 어린이 장학금 616만원 기부

HERO초심방, 서울사회복지공동모금회 520만 원 기부

2021 06 01   임히어로서포터즈, 포천 보육시설에 1000만원 기부

2021 05 27   경주 영웅시대, 경주애가원에 300만원 상당 후원품 전달

2021 05 23   임히어로서포터즈 사회복지법인 경동원에 기부금과 마스크 등 600만원

기부

2021 05 14   영웅시대밴드(나눔모임) 쪽방촌 열일곱 번째 봉사활동

2021 05 13   소모임 영웅사랑, 영웅별, 별빛웅, 김제 유기견보호소 "동행세상" 현금

300만원 200만원 상당 사료 기부

2021 05 11   영웅시대 수원밴드, 500만원 적십자사 기부

2021 05 09   영웅시대 서울 4구역 응원방, 연탄 3750장·홍삼 50박스 연탄은행 기부

2021 05 06   영웅시대 해외스터디방, 한국소아암재단에 500만원 기부

2021 03 11   영웅시대 광전행복방, 한국백혈병어린이재단에 소아암 치료 300만원 기부

2020 12 15   영웅시대 위드히어로, 백혈병환우회 4000여만원 후원

2020 12 03	영웅시대, '사콜' 7세 팬 위해 후원금 전달
2020 11 26	임영웅 팬카페 '영웅사랑, 초록우산 어린이재단 후원금 307만 1721원 전달
2020 08 24	영웅시대, 수재민 위해 8억 9천만원 기부
2020 08 07	영웅시대 나눔의방, 홀트아동복지회 스탠드 선풍기와 마스크 등 후원
2020 08 05	임히어로 서포터즈, 경기도 사회복지공동모금회 1500만원 기부
2020 07 29	임영웅의 네이버 팬카페 영웅사랑·카카오 오픈톡 히어로 바라기, 초록우산어린이재단 1330만원 전달
2020 06 16	영웅시대, 서울경기지역 초록우산어린이재단에 1318만5817원 기부
2020 03 18	영웅시대, 코로나19 극복 성금 1억 4500만원 기부

기적의 방석 기부자 목록

1장 '기적의 방석 스토리'에 소개된 감동적인 사건에 도움을 주신 분들입니다. 두 번이나 보내주신 분들도 포함하여, 총 70분께서 259개의 방석을 보내주셨습니다. 모두가 함께하고자 하는 마음으로 도움을 주신 분들께 다시 한 번 감사하다는 말씀을 드리고 싶습니다.

부산 북구	이*자 (롯데갈메기)	부산 부산진구 범천동	청마
경기 부천시	최*희	부산 부산진구 범천동	청마 (2회)
서울 서초구	김*형 (아리아)	서울 송파구	김*영
서울 중랑구	장*리아	경기 고양시	정*란 (꿈치)
강원 강릉시	장*의 (강릉경순)	서울 광진구	홍*란
인천 연수구	길*주	울산 북구	강*순
경기 포천시	구*희	고양 덕양구	김*옥
경기 의정부시	이*주	서울 마포구	김*숙
서울 관악구	김*옥	경기 부천시	민*매
서울 서초구	정*애	인천시 미추홀구	최*숙
서울 양천구	김*희	인천 부평구	정*자
경기 안양시	기*방석	인천 계양구	김정*
대전 중구	송*영	경기 용인시	라*미
경기 안산시	김*숙	강원 강릉시	장*의 (강릉경순, 2회)
대구 서구	프리지아	강원 원주시	신*아
대구 동구	늘사랑	전남 함평군	박*선
서울 강서구	남*순	경기 부천시	최*희
대구 중구	봉선화	서울 도봉구	닉*임

서울 송파구	박*선	부산 동래구	김*남 (아림)
경기 용인시	하*좋아	인천 남동산단	인천행복님
경기 부천시	산치대탑	서울 노원구	이*예님 (2회)
서울 강동구	유*진 (산수유)	서울 서초구	배남**
강원 강릉	장*희	광주 남구	김은*
충남 예산	김*옥	광주 광산구	백*애 (해피엔딩)
서울 송파구	변*경	서울 서초구	A*gaeng l
인천 계양구	권*선	인천 남동구	함*순 (2회)
서울 노원구	이신예님	경북 포항시	김*순
서울 서초구	박*리 님	인천 남동구	현*순
경기 남양주시	이*우 (별빛)	경남 김해시	류*정
서울 중랑구	이*숙 님	경기 시흥시	친*친구
충북 제천시	최*규	경기 화성시	김도*
서울 강남구	전*순	전북 정읍시	최명*
X	명수기님	서울 강서구	유정*
경기 수원시	김*선	대구 중구	BM
대구 동구	박*식	강원 춘천시	이*희 (나누미)
인천 남동구	함*순님		

**임영웅
덕질
보고서**

저자 류호진　　　**1판 1쇄** 2024년 7월 15일
펴낸이 김두영
전무 김정열
편집 김승아
디자인 김봄
제작 유정근
전략기획 윤순호, 유정근, 권지현, 정유진, 이두리, 신찬, 한재현

펴 낸 곳　삼호ETM (http://www.samhomusic.com)
　　　　　경기도 파주시 문발로 175
　　　　　전략기획개발부　　전화 1577-3588　　　　팩스 (031) 955-3599
　　　　　콘텐츠기획개발부　전화 (031) 955-3589　　팩스 (031) 955-3598
등　록　2009년 2월 12일 제 321-2009-00027호

ISBN　　978-89-6721-543-9